내 마음을 나도 모를 때.

# 내 마음을 나도 모를 때.

양재진, 양재웅 지음

생각이 많은
섬세한 당신을 위한
양브로의 특급 처방

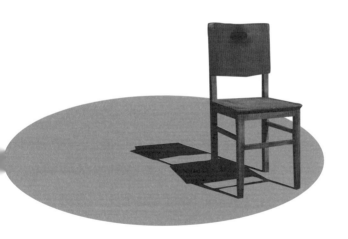

21세기북스

# PART 2 나와 타인의 마음 균형을 찾지 못했다면

- - - - - - - - - - - - - - - - - - - - - - - - - - - - - - - - - - - - - - - - - - - - -

#가족 거리두기 #이성적으로 화내기 #조종 욕구
#애도 반응 #K-장녀 #이인화 #산후우울증 #회복 탄력성

- - - - - - - - - - - - - - - - - - - - - - - - - - - - - - - - - - - - - - - - - - - - -

#무력감 #자기혐오 #경계성 인격 성향 #유기 불안
#환기 효과 #어른다운 어른 #꾸며낸 나 #태도의 가치

사람들은 저마다 고민을 안고 삽니다.
나만 불행한 것 같은 세상이지만,
나와 비슷한 고민을 하며 사는 사람들도 많습니다.

낮은 자존감, 불투명한 미래, 가족과의 불화,
직장에서의 스트레스, 연인 사이의 상처…
누구든 한 번쯤 겪어본 문제입니다.

처음에는 가벼웠던 사소한 감정들은 시간이 흐르면서
점차 가슴속 응어리가 되죠.
그리고 결국 마음의 병이 되어
세상을 제대로 살아낼 힘을 앗아갑니다.

몸에 난 작은 상처에는 민감히 반응하면서도,
마음이 느끼는 고통은 좀처럼 돌보지 않은 탓입니다.

정신건강의학과에 대한 편견이 사라졌다고는 하지만,
여전히 많은 사람들이 치료의 첫발을 떼기 두려워합니다.
도움이 필요한 상태라는 것을 깨닫지도 못하기에,
손조차 내밀지 못하고 하루하루 고통 속에 살아갑니다.

이 책은 실제 사연을 바탕으로,
누구나 겪을 만한 심리 문제에 관한
정신과 전문의의 실질적인 처방을 담았습니다.
자존감, 불안, 미래, 관심에 관한 내면의 문제와
가족, 친구, 직장, 연인 사이의 관계에서 겪는
갈등에 관한 이야기입니다.

아직 정신과를 찾아갈 용기를 내지 못했다면,
누군가의 어쭙잖은 충고로 더 큰 상처를 받았다면
함께 읽어내려가길 바랍니다.

마치 나의 이야기처럼 공감되기에,
수면 아래에 묻어둔 상처가 다시 붉어질 수도 있습니다.
하지만 마지막에 다다랐을 때는
분명 다른 눈으로 나와 세상을 바라보게 될 것입니다.

이제 상담을 시작합니다.

PART 1

세상에 치여
미처 나를
돌보지 못했다면

# Chapter 1

## 자존감

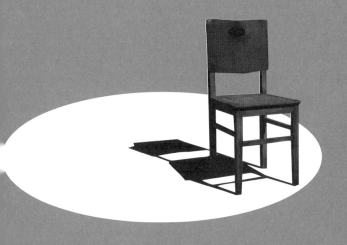

### 누구도 결코
### 나를 채워줄 수 없다

인생은 길게 봐야 합니다.
10~20년 뒤 나의 모습이 어떨지는 누구도 알 수 없습니다.
그 순간 다른 사람에 의해 내려진 부정적인 평가가
결코 자신을 의미하지는 않습니다.

자기의 존재 자체를 부정하지 마세요.
지금 좌절하지 않는다면 자존감은 충분히 높일 수 있습니다.

# 자존감을 높이고 싶은데
# 방법을 모르겠어요

평소 스스로 자존감이 낮다고 생각합니다.
그런데 사실 자존감이란 정확히 무엇인지 잘 모르겠어요.
잘났다고 생각하고 당당하게 행동하면 되나요?
자존감은 어떻게 높일 수 있을까요?
자존감도 너무 높으면 안 좋은가요?

양재진  자존감이란 '내가 스스로 생각하는 나'입니다. 타인이 나에 대해 무엇이라 평가를 해도, 심지어 비하를 하더라도 감정적으로 흔들리지 않을 수 있는 상태를 바로 자존감이 높다고 말합니다.

양재웅  이는 자기가 잘났다고 생각하는 자의식 과잉과는 다릅니다. 특히 요즘 시대에는 자의식 과잉인 사람들이 굉장히 많습니다. 여러 명의 형제자매와 어울려 컸던 과거 아이들과 달리, 요즘 아이들은 성장 과정에서 부모님의 지원과 관심을 고스란히 혼자 받는 경우가 많죠. "너는 대단한 아이야" 혹은 "너는 꼭 대단한 사람이 될거야"라는 식으로요. 그 결과 본인이 구체적인 경험을 하고, 성취하기 전에 스스로를 훌륭한 사람이라고 평가하게 됩니다. 즉 자의식 과잉 상태, 혹은 '거짓 자기'가 만들어지는 것이죠.

문제는 이런 사람들의 경우 새로운 것에 도전하길 굉장히 어려워하고 피하게 된다는 것입니다. 자신의 생각보다 부족한 나를 마주하면 그 순간을 못 견디기 때문에, 도전 자체를 회피하면서 스스로에 대한 긍정적 평가를 계속해서 유지하고자 하는 것이죠. 마치 한 번도 싸워보지 않아서, 한 번도 지지 않는 상태라 할까요.

양재진  그렇다면 자존감은 어떻게 높일 수 있을까요? 먼저, 무엇이든 '스스로의 성취'를 이루는 것입니다. 별것 아니라고 생각할 수 있지만, 무엇이든 스스로 노력해서 얻어내는 것은 자존감을 높이는 데 무엇보다 중요합니다.

이때 그런 성취에 대해 주변 사람들로부터 '긍정적인 피드백'을 받을 경우 자존감은 더욱 높아질 수 있습니다. 앞서 자의식 과잉의 경우 스스로의 성취 없이 주변 사람들로부터 무조건 긍정적인 피드백을 받은 결과 자기의식만 높아진 상태를 말하는 것입니다. 이런 사람의 경우 사회생활이나 대인관계에서 실제의 나를 마주하고 좌절했을 때 복원력을 통해 다시 일어나지 못하는 경우가 많습니다.

'봉사와 기부'를 하는 것 또한 도움이 됩니다. 자존감은 누군가가 나를 필요로 하고 인정할 때 상당히 높아집니다. 그런 의미에서 봉사와 기부는 타인을 위해 하는 행동이지만 무엇보다 나를 위한 행동이기도 합니다. 자존감을 높이기에 가장 접근하기도 쉽고, 서로에게 도움이 되는 가장 쉽고도 좋은 방법이라고 할 수 있습니다.

양재웅  저 또한 과거에는 자존감이 높은 편이 아니었습니다. 그렇지만 어릴 때부터 누군가에게 쓸모 있는 존재가 되는 것에서 삶에 큰 동기부여를 받는다는 사실을 깨달았고, 여기에 방향성을 두고 살아갔습니다. 하지만 이후 본인을 위하는 것이 아닌 타인 중심으로 사는 삶은 자존감을 올리는 데 한계가 있고, 도리어 그런 삶은 자존감이 낮아지기 쉽다는 것을 알게 되었습니다. 물론 본인이 가치 있다고 느끼고, 살아 있다고 생각하는 순간을 바꾸기란 너무나도 어려웠습니다.

하지만 지금은 숱한 고민과 시행착오 끝에 누군가를 만족시키기 위함이 아닌 누군가에게 베풀 수 있는 존재가 되고자, 좋은 영향력을 끼치는 사람이 되는 것에 방향성을 두고 살아가고 있습니다. 그렇게 주도적인 자신과 위하고자 하는 타인 사이의 밸런스를 찾아가는 과정에서 자존감도 올라가고 있는 중입니다.

양재진    저도 스스로 변화하기 위해 많은 노력을 했습니다. 이 과정에서 많은 환자들이나 대중에게 받은 긍정적인 피드백들은 많은 도움이 됐습니다. 또한 스스로 말과 행동을 일치시키며 살고자 하는데요. 그 결과 스스로를 언행일치하는 사람이라고 인식함으로써 과거에 비해 자존감을 높일 수 있었다고 생각합니다.

양재웅    비록 지금은 열등감에 사로잡혀 스스로를 제대로 바라보기가 힘들지도 모릅니다. 자기 자신을 위한 힘을 개발하지 못한 채, 좋은 사람이 되고 싶어 남들의 평가에 연연하느라 진정 내가 원하는 것을 놓치고 살지도 모릅니다. 혹은 처절하게 실패하고, 본인의 한계를 경험하는 자기애적 상처를 입지 않기 위해 아직도 도전을 회피하면서 자의식 과잉 상태에 머물러 있을 수도 있습니다. 하지만 거기에서 좌절하거나, 아무것도 하지 않은 채 안주하지만 않는다면 자존감은 충분히 높일 수 있습니다. 인생은 길게 봐야 합니다. 10~20년 뒤 나의 모습이 어떨지는 누구도 알 수 없습니다. 그 순간 다른 사람에 의해 내려진 부정적인 평가가 결코 자신을 의미하지는 않습니다. 자기의 존재 자체를 부정하지 마세요. 그리고 철저하게 준비하고, 도전하고, 실패하세요. 그렇게 계속해서 자신만의 삶의 방향성을 찾으세요.

양재진  누구나 사람들과의 관계에서 상처를 받아본 경험이 있을 것입니다. 나와 잘 맞지 않는 사람, 혹은 나의 가치를 잘 알아주지 않는 사람과 가까이 지내게 되면 우리는 때때로 그들이 평가하는 나의 모습이 실제 나의 모습이라고 착각하기도 합니다. 그러나 어떤 상황에서도 나 자신만큼은 스스로의 편이 돼주세요. 내가 싫고, 밉고, 한심하게만 느껴진다면 나의 작은 것들부터 사랑하고, 존중해주는 연습을 했으면 합니다.

그리고 자신이 낮춰지는 관계에서 고통받고 있다면 아예 끊어내거나, 그것이 어렵다면 잠시나마 거리를 두는 것이 좋습니다. 다른 사람과 건강한 관계를 맺기 위해 자존감이 중요한 만큼, 자존감을 높이기 위해 좋지 않은 관계를 끊어내는 것도 중요합니다.

# 사람들에게 인정받고 싶은 나,
# 자존감이 낮은 것일까요?

어떤 일을 할 때마다 다른 사람에게 인정받을 수 있느냐,
그렇지 못하느냐를 따지게 됩니다.
내가 좋아서 한 것이라도 좋은 평가를 받지 못하면 후회하기도 하고요.
자존감도 긍정적인 피드백에 따라 높아진다고 하는데,
자존감은 인정 욕구와 다른가요?

양재진 　인정 욕구란 말 그대로 '타인'의 인정을 받고자 하는 욕구를 뜻합니다. 누군가로부터 나의 가치, 혹은 나라는 사람에 대한 인정을 받아야 거기에서부터 안정, 만족감, 행복을 얻는 형태죠. 그러나 자존감은 내가 설정한 목표를 직접 성취하는 것에서부터 시작합니다. 그로부터 긍정적인 피드백을 받았을 때 높아지는 것이고요. 처음부터 타인의 인정만을 목표로 하는 인정 욕구와는 다르다고 할 수 있습니다.

양재웅  많은 경우 주어진 학업이나 업무를 잘하고 있음에도 자존 감이 낮은 사람들이 적지 않습니다. 이는 '방향성'과 '주도성'의 문제입니다. 지금 내가 원하는 것을 하고 있는가, 아니면 남들이 원하고 있는 것을 맞춰주고 있는가의 방향성에 따라 자존감은 굉 장히 큰 차이를 보입니다. 여기에서는 자기 효능감과 자율성이 중 요합니다.

자기 효능감이란 어떤 목표에 도달할 수 있는 능력이 있는지에 대 한 스스로의 평가를 의미합니다. 즉 자기 효능감은 자존감에서 필요조건이지만, 자기 효능감만 높다고 자존감이 높아지지는 않 습니다. 자존감은 스스로가 설정한 방향에 따라 목표를 정하고 목표치를 채워나가는 과정에서 비로소 생기는 것입니다.

양재진  사실 이들은 성장 과정에서 키워져야 했던 것들입니다. 학 교생활에서는 공부도 물론 중요하지만, 무엇보다 대인관계와 사 회에 적응하는 능력을 배우는 것이 중요합니다. 이를 위해서는 내신이나 수능에만 초점을 맞추는 것이 아니라, 운동이나 음악, 미술 등의 예술 활동 또한 공부라는 인식 변화가 필요하죠. 이야 기했듯이 내가 원하는 방향으로, 내가 원하는 성취를 위해 간다 면 자존감은 자연스럽게 높아집니다.

그러나 한국 교육의 현실 앞에 대부분의 사람들은 원하는 것이 무엇인지도 모른 채 한곳으로 내몰립니다. 결국 어린아이일 때부터 자존감이 낮을 수밖에 없는 상황에 처하는 것이죠. 잘하거나 하고 싶은 것은 뒷전에 밀린 채로 해야 하는 것만 계속하다 보니, 잘하는지도 모르겠고 심지어 잘하지도 못하니까 성취감은 더욱 느낄 수 없게 되고요. 결국 자존감을 올릴 가능성은 계속해서 줄어드는 것입니다.

양재웅 미국의 심리학자 매슬로(Abraham Harold Maslow)의 인간의 욕구 5단계 이론에 따르면, 가장 최상의 욕구는 자아실현의 욕구이며, 그 아래가 바로 자기 존중의 욕구, 즉 인정 욕구입니다. 그 밑으로 애정과 소속을 느끼고자 하는 사회적 욕구, 안전의 욕구, 생리적 욕구가 자리합니다.

그러므로 자존감이 높은 사람들은 인정 욕구보다 더 상위 단계인 자아실현에 더욱 초점을 두고 살아갑니다. 누구나 어느 정도 수준까지는 인정 욕구를 갖고 살아가지만, 어느 단계를 넘어가면 사람들이 어떻게 생각하는지보다는 내가 정말 원하는 것을 실현하기 위해 에너지를 사용합니다. 그래서 자존감이 낮은 사람들은 자아실현보다는 인정 욕구를, 자존감이 높은 사람들은 인정 욕구보다는 자아실현을 더욱 추구하는 것입니다. 즉 어느 단계 이상으로 자존감이 올라가면 인정 욕구는 중요하지 않게 되는 것이죠.

양재진  자존감을 올리기 위해 처음부터 너무 큰 목표를 설정할 필요는 없습니다. 시작은 일상 속 나의 작은 행동들을 칭찬하는 것으로 충분합니다. 작은 노력으로도 쉽게 성취할 수 있는 목표를 세우고 이를 성공했을 때 스스로를 충분히 존중해주세요.

하루 한 시간 산책하고, 하루 세 끼를 제시간에 챙겨 먹고, 스스로 설거지를 하고, 밤에 늦지 않게 잠드는 아주 사소한 것도 성공 경험들이 될 수 있습니다. 그리고 결국 큰 성공의 디딤돌들이 될 것입니다. 자존감은 최소한의 노력이 있어야만 올라갈 수 있습니다. 작은 노력부터 매일 아주 조금씩 해나가길 바랍니다.

# 부모님 말씀에
# 자꾸만 휘둘리는 내가 싫어요

평소 다른 사람들의 말이나 평가는 쉽게 잘 넘기는 편이라
자존감이 높은 것 같다가도,
유독 부모님 말씀은
민감하게 받아들여지고 스스로 결심한 것도 흔들립니다.
이 경우도 자존감이 낮은 것일까요?

**양재웅** 　부모님 말씀을 지나치게 의식하는 경우, 아직 정서적인 독립이 이뤄지지 않았을 가능성이 높습니다. 이때 다른 사람들의 평가에서는 자유롭다면 자존감이 높기 때문이라기보다는 부모님을 제외한 타인과는 정서적인 거리를 두고 있기 때문일 가능성이 많고요.

이 경우 다른 사람들의 말을 무시할 수 있다는 것은 착각일지도 모릅니다. 다른 사람들과 정서적인 경계가 존재한다면 그들의 평가로부터 자유롭다고 느낄 수 있습니다. 하지만 그들에게도 부모님과 같은 정서적 유대를 갖게 된다면 똑같은 모습을 보일 것입니다.

즉 아직까지 부모님의 말이 절대적이기 때문에 그만큼 심리적인 영향을 받고 있고, 부모님 이외의 사람들의 평가는 별다른 영향이 없다고 볼 수도 있는 것이죠. 부모님 외의 사람들은 철저히 무시하면서도 부모님 말씀은 거역하지 못하는, 하지만 이로부터 벗어나고 싶어 하는 영화나 소설 속 왕자나 공주, 혹은 재벌 2세의 이야기가 이와 유사한 상황이라 할 수 있습니다.

이를 해결하기 위해서는 어느 정도의 정서적인 거리를 부모님과는 더하고, 타인과는 좁혀 그 밸런스를 맞추는 것이 중요합니다. 부모님으로부터의 정서적인 독립이 이뤄지지 않은 상태에서 자존감을 논하는 것은 어렵습니다. 그 상태에서 자신에 대해 내려진 긍정적인 평가는 부모님이 만들어준 자의식 과잉, 혹은 거짓 자기이기 쉽습니다.

부모님으로부터 인정받는 것이 가장 중요한 사람은 스스로 결정하고 책임지는 다음 단계로 결코 나아갈 수 없습니다. 본인만의 기준을 만들지 못한 채 부모님이 답을 갖고 있다고 생각하기 때문입니다. 자존감은 부모님의 기준에서 벗어나, 사회 속에서 타인의 기준을 경험하며 자신만의 기준을 세워갈 때 만들어집니다. 그래서 자존감은 부모님과 타인과의 정서적 거리를 먼저 조절하고, 부모님으로부터 독립된 후에야 비로소 고민할 수 있는 문제입니다.

부모님 외에 대상 관계가 없는 어린 시절에는, 누구나 부모님의 인정을 받고자 합니다. 이후 사춘기를 지나 사회적으로 진출하며 점차 부모님으로부터 벗어나 다른 사람들에게 인정받고 싶어 하고요. 그다음에 비로소 자아실현에 대한 욕구를 가집니다. 부모님으로부터 독립하지 못했다는 것은 아직 자아실현의 단계로 갈 길이 멀다는 것을 의미합니다.

양재진 우리는 감정적 거리가 먼 사람들과 가까운 사람들의 피드백을 상당히 다르게 받아들입니다. 가족 간에 건네는 말은 무엇보다 큰 힘을 줄 수도 있지만, 반대로 더욱 큰 상처를 남기기도 합니다. 가족이란 평생 변하지 않는, 변할 수 없는 관계라는 믿음 때문입니다. 내가 어떤 말과 행동을 하더라도 가족이기에 이해할 것이라고 생각하고, 고마움과 미안함을 표현하지 않아도 가족이기에 알아줄 것이라고 착각합니다. 정서적 거리가 가깝기에 그만큼 더욱 큰 상처가 돼 힘들어지고, 끊어낼 수 없는 관계라는 생각에 좌절감과 절망감까지 느끼게 됩니다. 따라서 가족 간에는 더욱 예의를 지키고 배려해야 하며, 적당한 정서적 거리 또한 유지하는 것이 중요합니다.

가족과의 적당한 정서적 거리를 두기 위해서는 가족으로부터, 특히 부모님으로부터의 독립이 우선돼야 합니다. 독립은 신체적 독립, 정신적 독립, 경제적 독립으로 나눠볼 수 있는데, 이 중 가장 중요한 것은 바로 경제적 독립입니다. 많은 사람들이 정신적 독립이 가장 중요하다고 생각하지만, 정신적 독립을 하기 위해서는 경제적 독립이 우선돼야 합니다.

부모님으로부터 경제적인 지원을 받고 있다면 자신의 인생에 부모님의 지분이 있는 것이기에 정신적 독립이 불가능합니다. 신체적 독립은 말할 것도 없고요. 부모님으로부터 경제적 도움을 받아서 주거 공간을 마련한다면 마찬가지로 그 공간에 부모님의 지분이 있기에 독립이라고 할 수 없죠. 경제적 독립을 통해서 신체적, 정신적 독립을 해야만 부모님과 정서적 거리를 적당하게 유지할 수 있습니다. 가족과의 정서적인 경계가 희미할 정도로 밀착된 경우는 나의 존재 자체를 논할 수가 없습니다. 이 점을 꼭 기억하고 진정한 '나'를 찾아나가길 바랍니다.

# 남에게 하고 싶은 말도 못 하고, 점점 더 우울해져요

예전에는 하고 싶은 말은 다했고, 누가 어떻든 내가 하고 싶은 대로,
나의 만족대로 살면 된다고 생각했습니다.
하지만 갈수록 속으로 삭이는 경우가 많아지고
누군가에게 예쁨받지 못한다는 사실이 신경 쓰입니다.
자존감도 떨어지고 자신감도 없어지며 우울하기만 합니다.

양재진　보통 20대 초중반의 사회 초년생들에게 사회생활을 하며 자존감이 낮아졌다는 말을 많이 듣습니다. 그러나 자존감이 높다는 것과 내가 하고 싶은 대로 말하고 행동하는 것은 전혀 다릅니다. 학생이라는 신분, 미성년자라는 신분에 있을 때는 말하고 행동하는 데 거리낌이 없었을지 모릅니다.

하지만 사회생활을 하며 정해진 시스템에 맞춰 살기 위해서는 이

전처럼 하고 싶은 대로 생활하는 데 제약을 느끼는 것이 당연합니다. 이 과정에서 스스로가 예전보다 못나 보이기도 하고, 자신감도 떨어진 것 같고, 비굴해 보이거나, 약해졌다고 생각하는 경우가 적지 않습니다.

그러나 착각해서는 안 됩니다. 사회생활의 대인관계 속에서 하고 싶은 말이나 행동을 다한다는 것은 있을 수 없는 일입니다. 하고 싶은 말 중에서 해도 되는 말과 해서는 안 되는 말을 구분하고, 그중 해도 되는 말만 하는 연습들은 반드시 필요합니다. 이는 사회성을 높이고 인생을 살아가는 기술을 체득하는 과정입니다. 사회생활의 기본인 것이죠. 따라서 자신에게 일어난 변화를 객관적으로 잘 살펴보는 노력이 필요합니다.

사회생활 초창기에 드는 이런 감정은 자존감이 떨어진 것이 아니라 아이에서 어른이 돼가는 과정이라는 점, 사회에 길들여지는 것이 아니라 사회에 적응하는 과정이라는 점을 잊지 말길 바랍니다. 이는 현재 성숙해지고 발전하고 있다는 사실의 반증입니다. 좋은 변화로 생각해도 좋습니다.

양재웅  덧붙이자면, 자존감이란 타인의 평가가 중요하지 않은 상태입니다. 누군가가 나를 예뻐하고, 예뻐하지 않는 것은 중요하지 않습니다. 사회라는 테두리에 막 진출하면 이전에 비해 새로운 교류나 도전에 많이 노출되고, 그 과정에서 실패하고 좌절하는 경우도 많을 수밖에 없습니다.

이 과정에서 과거에 비해 사회적인 시야가 넓어지고 경험치가 늘면서 받게 되는 새로운 피드백들을 스스로 못 견디는 상태, 즉 자기애적 상처를 받는 일이 일어나기도 합니다. 이 자기애적 상처를 경험하면서 우울감을 겪을 수 있지만, 이는 성장을 위해 필수적인 성장통입니다.

기존에 스스로에 대한 긍정적인 평가는 사실 앞서 언급한 자의식 과잉 혹은 거짓 자기일 수 있습니다. 자의식 과잉은 쉽게 이야기하면 자신만의 세상, 혹은 부모님이 만들어준 세상에서 본인이 정답이라고 믿는 상태입니다. 자존감이 높은 상태와 유사해 보이기도 하지만, 결코 같지 않습니다.

자존감을 높게 유지한다는 것은 명확하게 인지하고 있는 사회적 기준과 본인이 치열하게 만들어낸 자신만의 기준의 밸런스를 유지하는 것이라고 할 수 있습니다. 자기애적 상처는 사회적 기준

앞에서 자의식 과잉 혹은 거짓 자기의 상태가 철저히 깨지고 자신만의 기준을 만들어가는 첫 단추라고 할 수 있습니다. 따라서 자신이 사회적인 성숙도를 쌓고 있다는 점을 인지하는 것이 우선이며, 자존감은 이를 받아들인 다음에 이야기할 수 있습니다.

주의할 점은 이 과정을 견디지 못하고 다시 동굴 속으로 들어가는 사람이 굉장히 많다는 것입니다. 현재의 통증을 견디고 넘겨내지 못하면 더 이상 발전할 수 없습니다. 당장은 밖으로 나오는 것이 두렵더라도 수없이 부딪히고 깨지는 과정을 통해 결국 사회적인 성숙과 스스로가 추구하는 본인만의 방향성, 혹은 기준을 찾는 일 모두를 달성할 수 있을 것입니다.

# 나의 못난 부분만
# 계속 보입니다

다른 사람의 말에 필요 이상으로 예민하고,
제 의견을 반박하면 크게 스트레스를 받습니다.
아니라는 것을 알면서도 상대가 나를 미워한다는 생각이 들기도 해요.
칭찬에 인색한 부모님과 어린 시절의 왕따 경험이 저를 이렇게 만든 것일까요?
자존감은 어떻게 높일 수 있을까요?

양재진  많은 사람들이 자존감에 대해 고민합니다. 자존감만 높
다면 사는 것이 훨씬 수월할 것 같다는 기대감에 책을 찾아보거
나 강연을 듣기도 합니다. 그런데 이론적으로 아는 것과 이를 끌
어올리는 것은 다른 문제입니다. 자존감 높이기는 생각보다 쉽지
않습니다.

양재웅  자존감이란 스스로를 인정하고 존중하며 존경하는 것입

니다. 우리는 살아가며 주로 어떤 사람에게 존경하는 마음을 품게 될까요?

가장 흔하게는 그 사람이 이룬 업적이나 성취, 즉 결과물에 대해 그런 마음을 갖기가 쉽습니다. 또는 말이나 행동에서 배어 나오는 인품을 보고 존경하게 되죠. 일을 아주 꼼꼼하게 처리한다든지, 사람들에게 잘 베푼다든지, 인내심이 많다든지 하는 한두 가지 모습으로 한 사람 전체를 이미지화합니다. 자신이 보는 특정한 면만을 보고 그 사람을 판단하는 것이죠. 즉 우리는 타인의 결과물이나 몇몇 이미지가 전달해주는 특정한 장점을 통해 존중감을 갖습니다.

하지만 그런 사람과 가까워지면 어떤 일이 발생할까요? 업적과 성취 이면의 것들을 알게 됐을 때, 다양한 단점들을 발견하게 될 때도 계속해서 존경심을 잘 유지할 수 있을까요? 가까운 가족, 친구들에게 존중감과 존경심을 갖는 것은 쉽지 않습니다.

나에 대해서는 어떨까요? 나는 나의 약점을 너무 많이 알고 있습니다. 나의 약점이나 치부에 집중할수록 스스로를 존중하거나 존경하는 것은 당연히 어렵겠죠.

그래서 거리가 있는 다른 사람에 대한 마음과 마찬가지로, 나의 단점이나 결점에 집중하지 않고 긍정적인 면에 집중하는 것이 중요합니다. 이는 가까운 사이에서도 약간의 심리적 거리를 유지하는 것이 중요한 이유이기도 합니다. 타인과 너무 가까운 정서적 거리를 유지할 경우, 우리는 자신도 모르게 그 사람의 단점에 집중하게 되고, 나에 대한 부정적인 평가의 또 다른 근거로 삼기 쉽습니다.

마찬가지로 자기 자신과도 어느 정도 정서적인 거리를 두는 것이 중요합니다. 이는 나를 객관적으로 바라보는 힘, 즉 메타인지(metacognition)를 키우는 것과 관련이 있습니다. 본인의 장점과 단점을 객관화하지 못한다면, 스스로에 대한 평가는 늘 부정적이기 쉽습니다. 혹은 타인의 평가에 따라 본인이 가치 있다고 믿거나, 쓸모없다고 생각하기 쉽습니다.

메타인지는 감정 일기와 같이 자신의 구체적인 감정 흐름에 대해 이성적인 관찰을 함으로써 훈련할 수 있습니다. 뇌의 앞쪽 부위인 전두엽은 계획하고 실행하고 성취감을 느끼고 피드백을 재해석하는 역할을 하는데요. 그런 전두엽을 자극하는 활동을 통해 메타인지를 성장시킬 수 있습니다. 즉 본인의 내면에서 무슨 일이 일어나고 있는지를 끊임없이 들여다보려 노력하고, 외부의 세상과 자신이 어떤 영향을 주고받는지를 확인하는 과정을 통해 스스로를 객관적으로 바라보게 되는 것입니다.

또한 누군가를 존중하는 마음을 품을 때, 업적이나 성취와 같은 결과물이 아닌, 과정에 집중할 수 있는 눈을 키우는 것이 중요합니다. 타인에 대한 존중을 결과로서만 하게 될 경우, 스스로에 대한 평가 역시 대부분 부정적이 될 것이기 때문이죠.

양재진　이렇듯 자존감을 높이기 위해서는 자신을 객관화해서 볼 수 있는 메타인지를 바탕으로, 타인의 평가가 아닌 스스로 자신의 장점과 단점을 구분해낼 줄 아는 힘이 필요합니다. 그리고 자신의 부정적인 면에 너무 많이 신경 쓰지 말고, 본인의 강점이나 재능에 집중해 그것들을 더욱 키우기 위해 노력함으로써, 결과물이 아닌 노력하는 과정에 있는 자신을 인정해주는 것이 중요합니다. 자신의 못난 점을 다른 사람들과 계속해서 비교하며 스스로를 상처 입히는 일을 멈추고, 남들이 알아주든 말든, 나만의 멋진 행동을 내가 알아주는 것만으로 만족해보세요.

어린 시절 가정환경에 의해 많은 것이 결정 나기는 하지만, 자존감이 낮은 이유를 모두 과거의 환경이나 부모님 탓으로 돌릴 수는 없습니다. 자존감을 결정할 수 있는 주체는 다른 사람이 아닌 나 자신이라는 것을 명심해야 합니다.

전혀 모르던 타인에게 관심과 호감이 생기고 사랑하는 사이가 되기까지는 많은 시간과 관심과 노력이 필요합니다. 처음에는 서로가 중요한 존재도 아니고, 안 본다고 해도 크게 상관없는 상대죠. 그러나 한두 번 데이트를 하면서 시간과 추억을 쌓다 보면, 대부분의 사람들은 함께한 시간과 에너지만큼 상대를 더욱 중요하게 여깁니다. 그리고 그 사람의 행복과 건강을 위해 무엇을 해줄지도 고민하죠. 그럴수록 그 사람의 가치는 내 안에서 더욱 커져갑니다.

양재웅    나 자신에 대해서도 마찬가지입니다. 자존감이 낮은 사람들은 대부분 외부의 관계 속에서 자신의 자존감을 올려줄 누군가를 찾습니다. 하지만 자신을 아껴주는 누군가를 만나는 것만으로 자존감을 올리기는 어렵습니다. 순간적인 만족을 느낄 뿐, 관계가 가까워지며 상대의 단점을 확인하면서부터는 자신에 대한 부정적인 평가의 원인 혹은 결과와 같은 연장선에 놓일 가능성이 높습니다.

즉 자존감이 낮은 상태에서는, 나를 아껴주는 가까운 누군가를 존중하는 것 또한 거의 불가능합니다. 내가 나에게 계속해서 관심을 보여주고, 나와 보내는 시간이 많아질수록 스스로에게 의미 있는 사람이 될 수 있습니다. 그리고 나를 아낄수록, 나에게 많은 것을 해줄수록 내 안에서 나의 가치는 더욱 커집니다.

양재진　자존감이 높을수록 외부의 평가로부터 자유로워지고, 쓸데없는 열등감으로 누군가를 미워하고 괴로워하는 데 에너지를 낭비하지 않는 것은 분명 사실입니다. 그리고 자존감을 높이기 위해, 결국 나를 사랑하기 위해 계속해서 나 자신에게 시간과 에너지를 쏟으며 성취하려 노력하는 것도 분명 바람직한 일입니다.

하지만 자존감을 높이기 위한 노력만큼 중요한 것은 자신의 있는 그대로를 인정하고 받아들이는 것입니다. 자신에게 맞는 모습으로 살아가세요. 만약 아무리 노력해도 자존감이 올라가지 않는다면 너무 괴로워하지 말고 그것 또한 내 모습의 일부로 받아들이려는 자기 수용의 자세 또한 필요합니다. 그런 자기 수용적 태도는 놀랍게도 또 다른 방식으로 자존감을 높여주기도 합니다.

자존감과
자존심은
다르다

많은 사람들이 자존감과 자존심을 혼동합니다. 하나의 예로 쉽게 설명하면, 누군가 나에게 '바보'라고 비난했을 때 그것에 대해 발끈하고 대응하는 사람은 자존심이 센 것이지, 자존감이 센 것이 아닙니다. 정말 자존감이 높은 사람은 오히려 그것에 신경 쓰지 않고 의연하게 반응합니다. 누가 나를 어떻게 쳐다보는지는 상관없는 것이죠.

스스로를 똑똑하다고 생각하는 사람은 누군가 자신을 비난해도 그것을 가볍게 무시하거나 농담으로 넘기지만, 자신을 스스로 부족하다고 평가하는 사람은 비난에서 자유롭지 못합니다. 그것에

욱하고 대응하는 모습을 보입니다. 진짜 나의 실체와 다른 사람들이 봐줬으면 하는 이상적인 나와의 차이에서 오는 불안감 때문이죠.

결국 자존심이 세다, 자존심을 부린다는 것은 결국 다른 대상이 없으면 성립될 수 없는 말입니다. 나 혼자 있는 상태에서 자존심이 세다는 말은 아무 의미가 없으니까요. 즉 인정 욕구와 비슷하게 다른 사람과의 관계를 통해서만 나올 수 있습니다. 반면 자존감에서 다른 사람들은 전혀 중요하지 않습니다. 자존감이 높은 사람은 타인이 나를 어떻게 생각하고 평가하는지는 개의치 않습니다.

즉 나에 대한 확신을 바탕으로 높은 자존감을 가진 사람들은 인정 욕구에 목말라하지 않고 굳이 자존심을 부리거나 자존심이 세 보이는 행동들을 하지도 않습니다. 자존감과 자존심은 결과적으로는 반비례 관계에 있는 것처럼 보이기도 하지만, 사실은 전혀 다른 차원에 있는 개념인 것입니다.

# Chapter 2

## 불안

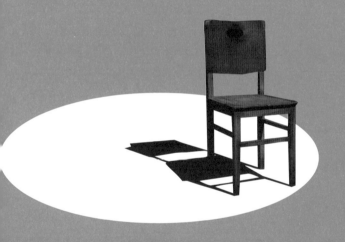

사라질 수는 없지만,
다스릴 수는 있기에

외모가 예뻐지면 나를 사랑하게 될까요?
나를 먼저 사랑해야 외모에도 변화가 찾아옵니다.
이 말은 곧 나를 사랑하면
나를 바라보는 스스로의 시선이 변한다는 의미입니다.

그때 바라본 나의 모습이 진짜 나입니다.
사랑하는 사람을 대하듯이 스스로를 아끼고 귀하게 여기세요.

# 폭식증과 다이어트의 무한 반복,
# 나를 사랑하고 싶어요

어릴 때부터 외모 지적을 많이 받으며 자랐습니다.
다이어트에 성공하기도 했지만 건강 이상과 함께 심각한 요요를 반복했고요.
이제 신장이나 난소 질환까지, 건강은 다 망가졌고
스트레스를 받으면 음식을 마구 먹고 토하길 반복합니다.
있는 그대로의 나, 사랑할 수 있을까요?

양재진  식이장애의 대표적인 두 유형에는 폭식증과 거식증이 있습니다. 단시간에 많은 양의 음식을 섭취하고 구토 등을 통해 체중 증가를 막으려는 비정상적 행위를 반복하는 것을 폭식증이라고 하고, 장기간에 걸쳐 심각할 정도로 음식을 거부하는 것을 거식증이라고 합니다.

양재웅  식욕 억제제를 섭취하거나, 변비약으로 장의 운동을 촉진

시키는 방법으로 약에 의존한 다이어트를 할 경우 장이 기능을 상실하는 등의 심각한 건강 이상이 생길 수밖에 없습니다. 반복적으로 구토를 하는 경우도 마찬가지입니다. 식도와 위 사이에는 조임근이라는 근육이 있는데, 구토를 계속할 경우 이 근육이 완전히 벌어지게 됩니다. 결국 위산이 식도로 계속해서 올라오는 역류성 식도염(reflux esophagitis)이 발생해 심각한 통증과 더부룩함 등의 증세를 겪습니다.

양재진   폭식과 구토라는 반복 행위는 감정적인 흔들림이나 우울증, 동반되는 기분장애 때문에 스트레스에 취약해진 결과 더욱 가속화되기도 합니다. 따라서 필요하다면 정신건강의학과에서 항우울제 등 약물 치료의 도움을 받는 것도 좋은 방법입니다. 혼자가 버겁다면 적극적으로 전문가의 도움을 받아야 합니다. 이 또한 나를 사랑하는 방법을 찾고 실천하려는 노력 중의 하나입니다.

고도비만이나 초고도비만이어서 건강상에 문제가 있을 경우에는 체중을 감량하는 것이 좋습니다. 이때도 올바른 방법을 사용해야 할 테고요. 그런데 정상 체중에서 좀 벗어난 정도인데도 마른 몸을 이상화해 잘못된 신체상을 기준으로 삼는 것은 분명 문제입니다. 다이어트에 과하게 집착한다면 살을 빼려는 이유를 스스로에게 물어보면서 궁극적인 이유를 찾아보세요. 여러 가지 이유를 찾았을 때 그것이 합당하다면 올바른 방법으로, 잘 감량해야겠죠. 하지만 누가 봐도 타당하지 않은 이유라면 몸이 아닌 생각의 다이어트가 디 절실한 상태인 것입니다.

나를 사랑하는 방식을 몇 가지로 규정할 수는 없지만, 외적으로만 치우친 관심이 사랑이 아니라는 것은 분명합니다. 나를 사랑하는 법은 내가 가장 잘 압니다. 잘 실천하지 못할 뿐이죠. 무엇이 나를 사랑하는 것이고, 그렇지 않은 것인지를 스스로 명확하게 생각해보고 단 한 번이라도 실천해보세요. 물론 말처럼 쉽지는 않을 것입니다. 하지만 극복한 사람들은 분명 있고, 그 시작은 나에 대한 이해와 변화를 위한 작은 실천이었습니다.

이를 위해 스트레스를 받았을 때 보다 건강하게 해소할 수 있는 방법부터 찾아봤으면 합니다. 그것부터 연습하고, 훈련하고, 실행하려고 노력해보세요. 외모가 예뻐지면 나를 사랑하게 될까요? 나를 먼저 사랑해야 외모에도 변화가 찾아옵니다. 이 말은 곧 나를 사랑하면 나를 바라보는 스스로의 시선이 변한다는 의미입니다. 그때 바라본 나의 모습이 진짜 나입니다.

양재웅　때로는 어떻게 해야 하는 줄 알면서도 바뀌지 못하는 자신이 더욱 미워질 수도 있습니다. 그때는 이것을 기억하세요. 나를 사랑하는 사람들은 자기 자신과 굉장히 친하다는 것을요. 나를 사랑하지 못하는 사람들은 내가 다른 사람에게 사랑받을 만한 사람인가를 굉장히 많이 고민합니다. 기준을 항상 다른 사람에게 두고 자격을 고민하는 것이죠. 이 경우 다른 사람을 배제시키면 나까지 사라져버립니다. 내 세상인데도 불구하고 그 안을 다른 사람이 가득 채우고 있기 때문이죠.

누군가를 짝사랑한다면 상대에게 필요한 것이 무엇일지 자연스럽게 관찰하고 고민하고, 또 선물하려고 하죠. 그렇게 내가 정성을 다해 쏟는 시간과 에너지만큼 그 사람은 내 안에서 더욱더 크게 자리합니다.

나에게 접근하는 방법도 이와 비슷합니다. 나에게 무엇이 부족한지, 나는 무엇을 잘하고 무엇을 할 때 즐거워하는지 등을 고민하고, 물질적이든 정신적이든 시간적이든 스스로에게 필요한 것을 계속해서 선물해주세요. 누구보다 나를 친하게 대하고, 나와 놀아주는 시간을 먼저 가져보세요. 그러면 자연스럽게 내 안에서 나에 대한 애정이 생겨날 것입니다. 내가 가장 사랑하는 사람이

나라고 생각하고, 사랑하는 사람에게 대하듯이 스스로를 대했으면 합니다.

양재진　외모는 한 사람을 규정짓는 큰 특징인 만큼, 경우에 따라 많은 이점을 가져나주기도 합니다. 하지만 보이는 것이 전부는 아닙니다. 모든 것이 완벽한 사람은 없습니다. 운동을 못 하면 다른 특기로 나를 보여주면 되듯이, 외모가 만족스럽지 못하다면 더 뛰어난 다른 요소를 통해 나의 가치를 입증하면 됩니다. 너무 외모에만 집중해서 세상을 바라보지 않았으면 좋겠습니다.

양재웅　그리고 만약 외모를 계속 지적하는 사람이 주위에 있다면, 그 사람과는 멀어지는 것이 좋습니다. 그 사람은 결코 나에게 좋은 사람이 아닙니다. '얼평'이라는 말이 있죠. 우리는 그 말이 얼마나 부정적인지 알면서도, 정작 누군가가 나의 외모를 평가하면 마음속에서 일어나는 '정말 그런가?' 하는 생각의 파장에 속수무책으로 당합니다.

어느 누구에게도 다른 사람이 원하지 않는 상황에서 그 사람의 외모, 혹은 성격까지 지적할 수 있는 권한은 없습니다. 다른 사람에게 나를 함부로 재단할 권한을 주지 마세요. 그리고 그들과 함께 보낼 시간에 나 자신에게 집중하고, 스스로의 장점을 찾길 바랍니다.

세상에서 나를 가장 사랑할 사람은 나입니다. 사랑하는 사람을 대하듯이 스스로를 아끼고 귀하게 여기세요. 연습이 필요한 일입니다. 그래도 포기하지 마세요. 그러면 어느 순간 나는 정말 아름답고 사랑스러운 사람이 돼 있을 것입니다.

# 결벽증이 너무 심해
# 일상생활이 어려울 정도예요

새로운 물건을 만지지 못하고, 더럽다고 생각하면 바로 씻어야 합니다.
지인들은 이해해주지만 미안한 마음이 들고,
모르는 사람들에게는 들키지 않으려고 노력합니다.
이제 코로나19로 문밖에도 못 나갑니다.
점점 가지 못하는 곳과 할 수 없는 일이 늘어갑니다.

양재진   결벽증은 강박증의 한 종류로, 바이러스나 세균에 감염
돼 죽을지도 모른다는 무의식적인 공포에 의해 청결에 집착하는
것을 말합니다. 이 경우 손에 이물질이 묻은 것 같은 느낌이 싫어
자주 손을 씻고, 문손잡이 만지는 것을 꺼리거나 소독제나 물티
슈를 자주 사용하는 등 청결에 민감한 모습을 보입니다.

특히 코로나19 이전까지만 해도 손 소독제를 휴대하는 사람은 극

히 드물었지만 최근에는 아주 흔히 볼 수 있다 보니, 결벽증이 있는 사람의 경우는 정도가 더욱 심해질 수밖에 없습니다.

양재웅    강박증은 100명 중 2~3명이 증상을 겪을 정도로 흔한 질환입니다. 하지만 자아 이질적(ego-dystonic)이기 때문에 스스로에게 문제가 있다고 인식하는 과정에서 우울증을 동반하는 경우가 많죠.

영화 〈이보다 더 좋을 순 없다(As Good As It Gets)〉는 강박증의 실제 모습을 아주 잘 그려내고 있는 작품인데요. 주인공이 식당에 가서 항상 같은 자리에만 앉고 개인용 포크와 나이프를 챙겨 다니는 것, 집 문을 열 때도 손수건이나 옷깃을 감싸는 것, 외출 후 돌아와서 손을 씻을 때 새 비누를 일회용으로 사용하고 버리는 것 모두 전형적인 결벽증의 모습입니다.

양재진    하지만 마지막에 주인공은 사랑하는 상대를 통해 변화의 계기를 얻고 바뀌고자 하죠. 영화를 본 많은 사람들이 주인공의 증상이 사랑을 통해 완화된 것으로 오해하지만, 사실 주인공의 증상을 완화시킨 것은 약이었습니다. "당신은 내가 더 나은 사람이 되고 싶게 만든다"라는 주인공의 말처럼 약에 대한 거부감을 버리게 한 것은 분명 사랑이었지만, 결국 주인공을 치료한 것은 프로작(Prozac)이라는 항우울제였습니다.

이 말은 곧 강박증은 스스로의 의지만으로는 나아지기 어렵다는 것을 의미합니다. 강박승 환자의 뇌 MRI를 찍으면 뇌의 아래쪽 안와전두엽이 과활성화된 모습을 볼 수 있는데요. 그만큼 강박증은 반드시 약물 치료가 병행돼야 하는 질환인 것입니다.

이외에 노출 치료라는 것도 있습니다. 노출 치료는 강박증이나 특정 공포증에 사용하는 치료법인데요. 특정 공포증이란 말 그대로 특정 대상이나 상황이 즉각적인 공포나 불안을 유발하는 것입니다. 노출 치료에는 순차적으로 단계를 밟아 노출을 증가시키는 방법과 홍수 용법이라고 해서 한번에 공포스러운 상황에 대량으로 노출시키는 방법이 있습니다.

양재웅   흔히 결벽증이라고 이야기하는 청결, 오염에 대한 강박증의 대표적인 증상이 무엇을 만지면 오염됐다는 생각의 사로잡혀 바로 손을 씻는 행동으로 이어지는 것인데요. 따라서 결벽증의 노출 치료에서는 일부러 무엇인가를 만진 뒤에 손을 씻는 행동을 막습니다. 그 행동을 하지 않아도 큰일이 일어나지 않는다는 것을 스스로 인지하게 하는 것이죠. 이 경우 인지 행동 치료까지 이어지기도 합니다.

강박증 약도 고혈압이나 당뇨 약처럼 병을 치료하는 약일 뿐, 거부감을 가질 필요는 없습니다. 나의 삶을 개선하기 위해 치료를 받겠다고 결심하면 사회생활을 하거나 대인관계를 맺는 데 큰 도움을 받을 수 있습니다. 동기부여만 된다면 꾸준한 노력을 통해 충분히 치료가 가능한 질환입니다.

물론 약물의 반응까지 3개월 정도의 다소 적지 않은 시간이 필요하고, 이후 효과가 없으면 약물을 교체하는 순서로 진행되는데요. 이때는 동반하기 쉬운 우울증에 대한 평가 역시 함께 진행할 필요가 있습니다. 이때 무엇보다 중요한 것은 전문가를 신뢰하는 것만큼 나 자신을 믿고 결국 나아질 것이라는 마음을 잃지 않는 것입니다.

# 행복하지만,
# 동시에 너무 불안해서 죽고 싶어요

불안장애로 몇 년째 약물 치료를 받고 있습니다.
대상이나 실체도 없는 불안을 언제나 안고 살며,
특히 안 좋은 일을 겪으면 더욱 심해집니다.
직장에서의 평가나 검열 때문에 능력에 자괴감도 크게 느끼고요.
행복하다가도, 어느 순간 너무 괴로워 삶을 포기하고 싶기도 합니다.

<u>양재진</u> 특정 상황이나 사건이 아니라 살아가며 겪는 모든 일들에 불안을 느끼는 것은 범불안장애의 주된 증상입니다. 이런 범불안장애에는 두 가지 특징이 있는데요.

먼저, 사소한 것에도 쉽게 불안을 느낀다는 것입니다. 발표나 연설, 노래 등 다수의 사람들 앞에 나서야 하는 특정한 상황이 아니라 하루 종일 계속 과한 불안을 느끼는 것이죠. 또 하나는 극심한

불안으로 불면증이나 원인 불명의 통증 등 갖가지 신체 증상이 동반된다는 것입니다.

양재웅　특정 상황, 즉 다른 사람 앞에서 어떤 일이나 활동을 하는 것을 두려워할 경우 수행공포증을 진단하기도 합니다. 여기에서의 특정 상황이란 여러 사람들 앞에서 이야기나 발표를 하거나 무대 위에서 공연을 하는 경우, 누군가가 보고 있는 와중에 문제를 푸는 등의 경우를 말합니다. 이를 두려워하는 증상이 지속되면 특정 상황은 하나의 작은 트라우마로 남아, 그 상황을 무조건적으로 피하고 싶어지고, 매사에 자신감도 없어지며 자괴감까지 생기는 등 우울증을 동반하기도 합니다. 심할 경우 자살 충동이 생길 수도 있고요.

양재진　이때 학교나 직장에서 좋지 않은 평가를 받고, 여기에 자괴감까지 느끼고 있다면 이미 악순환은 시작됐다고 볼 수 있습니다. 불안도가 높아 일의 수행 능력이 떨어지면 부정적인 피드백을 받게 되고, 그러면 불안도는 더욱 올라가 결국 또 다른 일을 수행할 때 지장을 받을 것이 당연하니까요.

양재웅　수행불안의 경우 심혈관계에 작용하는 약물로 즉각적인 효과를 볼 수 있습니다. 뇌가 불안을 인지하면 뇌에서 심장으로 신호를 보내 심장이 두근거리게 되고, 다시 뇌는 심장이 두근거리는 것을 인지하면서 '아, 내가 진짜 불안하구나'라고 생각하게 되는데요. 이때 약물이 심장의 과도한 두근거림을 억제하도록 작용하는 것입니다. 따라서 뇌가 불안을 인지했을 때도 심장에는 별다른 변화가 없는 것을 확인함으로써 '아, 내가 괜찮은 거구나'라고 인지하게 되는 것이죠. 이처럼 수행불안의 경우 간단한 약물 복용으로 높은 효과를 거둘 수 있지만, 아직도 이 사실을 알지 못해 치료를 받지 못하는 경우가 많습니다.

양재진　나에게 가장 좋은 정신건강의학과는 집과 가까운 곳, 가장 좋은 주치의는 오랫동안 봐온 사람이라고 할 수 있습니다. 그러나 오랫동안 치료를 했는데도 증상이 나아지지 않는다거나, 좋아졌다 나빠졌다를 반복한다면 주치의를 바꿔보는 것도 하나의 대안이 될 수 있습니다.

또 하나, 인지 행동 치료도 생각해볼 수 있습니다. 쉽게 말해 나의 생각으로 신체 증상들을 조절하는 연습을 하는 것인데, 대부분의 불안장애에 병행하는 치료법입니다. 일어나지 않은 일을 미리 걱정하는 생각 자르기 연습 등이 여기에 해당합니다. 주치의와 함께 약물 치료를 비롯해 다양한 치료법을 병행하는 것이 좋습니다.

양재웅  흔히 말하는 외상 후 스트레스 장애도 불안장애의 일종입니다. 불안이란 뇌의 측두엽 안쪽에 위치한 편도체와 그 주변 부위가 과각성되면서 생기는 것으로, 트라우마를 비롯해 안 좋았던 기억이 그곳에 각인됩니다. 그래서 편도체가 과각성될 때, 즉 과거의 안 좋은 기억들이 떠오르면서 마음이 안정되지 않고 집중력이 흐려질 때는 전두엽을 계속 자극해주는 것이 도움이 됩니다.

가장 좋은 방법은 운동입니다. 스스로 무엇인가를 계획하고, 실행에 옮기고, 결과물도 바로바로 확인할 수 있는 활동이기 때문인데요. 하다못해 책상을 정리하는 것, 필기를 하는 것도 도움이 됩니다. 펜을 들고 뚜껑을 열어 종이에 글씨를 쓰는 과정 자체가 전두엽을 자극하는 이성적인 활동이 되니까요.

안 좋았던 기억과 관련돼 불안도가 높아질 때, 이처럼 계획-실행-성취-피드백으로 이어지는 단순한 활동을 통해 전두엽을 자극하면 순간적인 불안을 낮출 수 있습니다. 그리고 이런 훈련을 반복하다 보면 결국 스스로의 감정이나 불안도를 객관적으로 볼 수 있는 힘이 생깁니다. 앞서 이야기한 메타인지가 여기에 해당합니다. 쉽게 말해 지금 불안한 것은 사실 불안할 일이 아니라는 것을 스스로 이성적으로 따져볼 수 있게 되는 것입니다.

이처럼 불안도가 높은 사람들은 기본적으로 생각을 한번 적립한 후에는 그 생각을 바꾸는 것을 굉장히 힘들어합니다. 흔히 말하는 경직된 사고가 이에 해당하는데요. 과거에 학습된 안 좋았던 기억 데이터가 미래에도 영향을 미쳐, 과거 어려움을 겪었던 특정 유형의 사람이나 상황을 계속해서 기피하는 것이죠. 항상 자신의 데이터가 고정돼 있는 것입니다.

치료를 위해서는 나를 곤란하게 했던 상황이나 사람의 특수성을 받아들이고, 상황이나 사람은 변할 수 있고 나도 변할 수 있다는 유연한 생각을 해야 합니다. 또한 과거의 나와 달리 앞으로의 나는 달라질 수 있다는 믿음과 확신을 가져야 합니다. 이것은 분명 사실이니까요. 고정된 생각을 버리는 연습과 함께 전두엽을 활성화시키는 활동으로 악순환의 고리에서 빠져나오길 바랍니다.

# 대중교통을 탈 때 숨이 막히는데,
# 공황장애일까요?

최근 대중교통을 탔는데 가슴을 압박하며 목까지 누르는 듯
숨이 막히는 증상을 느꼈습니다.
처음에는 날씨 탓인가 했지만, 다른 사람들 앞에서 발표할 일이 있을 때
같은 증상에 손까지 떨리며 눈물이 날 것 같은 두려운 감정이 들었습니다.
공황장애에 걸린 것일까요?

양재웅   한동안 많은 연예인들이 공황장애를 앓고 있다고 털어놓은 덕분에 이제 공황장애에 대해 많은 사람들이 알고 있는데요. 때문에 공황발작을 공황장애와 동일시하는 경우도 많습니다. 하지만 공황장애는 가슴을 압박하는 듯 숨이 막히는 증상인 공황발작과 함께 갑자기 무슨 일이 생길 것 같은 불안 증상인 예기 불안을 동반합니다. 즉 공황발작과 공황발작이 또 다시 일어나지 않을까 하는 예기 불안이 함께 나타날 때 공황장애라 진단합니다.

양재진  갑자기 어지럽거나 심장이 빨리 뛰는 것, 극도의 불안과 공포에 휩싸이는 것, 손끝이나 발끝에 이상한 감각이 느껴지는 것, 숨쉬기가 어려우며 가슴 부위에 통증을 느끼다 죽음의 공포를 겪는 것 모두 공황발작의 대표적인 증상입니다. 이런 증상들은 한꺼번에 모두 나타나시는 않고 몇 가지 증상이 선별적으로 나타납니다.

그리고 이런 공황발작이 한 번이나 특정 상황에서 일어난 것이 아니라, 처음 나타난 후에 시도 때도 없이 반복적으로 계속 일어날 경우 공황장애라고 진단합니다. 자고 일어나서도, 밥을 먹다가도 갑자기 증상이 나타나는 것이죠. 대중교통을 이용할 때나 많은 사람들 앞에서 발표할 때 등 특정 상황에서만 나타나는 것과는 좀 다릅니다.

양재웅  공황발작은 공황장애 외에도 사회불안장애, 범불안장애, 특정 공포증 등 모두에서 나타날 수 있습니다. 즉각적으로 피할 수 없는 장소나 상황에 혼자 놓이는 것에 대한 공포인 광장공포증의 경우도 마찬가지입니다.

양재진  이때 광장공포증은 공황장애를 나누는 큰 기준이 되기도 하는데요. 광장공포증이 동반된 공황장애와 그렇지 않은 공황장애로 나뉘며, 대부분은 광장공포증을 동반하는 경우가 많습니다. 이때 광장공포증을 동반한 공황장애로 진단하기 위해서는 특정 스트레스가 있는 상황에서만 증상이 나타난 것은 아닌지도 자세히 따져봐야 합니다.

공황장애의 경우 첫 번째 공황발작은 선행하는 스트레스가 있는 경우가 많지만, 두 번째 공황발작부터는 선행하는 스트레스가 거의 없는 경우가 대부분입니다. 따라서 다수의 사람들 앞에서의 발표나 연설 등 선행하는 스트레스가 있었다면 그로부터 야기된 사회불안장애 혹은 그에 극도의 불안과 공포를 느낀 특정 공포증도 생각해볼 수 있습니다.

양재웅  정확한 진단을 위해서는 먼저 심전도 검사를 받아보고, 만약 심장에 이상이 없다면 정신건강의학과에서 초기에 적절한 치료를 빨리 받는 것이 중요합니다. 만약 공황장애라고 한다면 2차적인 회피 반응이나 우울증으로 이어지지 않도록 상담과 함께 빨리 약물 치료를 시작해야 합니다.

공황장애는 하나의 트라우마로 각인되기 때문에 다음부터는 특정 상황을 회피하기가 쉽습니다. 징크스를 만들고, 회피하는 것들이 늘어나면서 스스로 활동을 억제한 결과 많은 경우 우울증까지 동반합니다. 그만큼 초기에 빨리, 강력하게 치료하는 것이 무엇보다 중요합니다.

양재진    한편에서는 공황장애는 치료해도 낮지 않는다고 말하기도 합니다. 하지만 증상이 개선되지 않는 경우에는 크게 두 가지 원인이 있습니다. 먼저, 음주입니다. 의사들 사이에는 술 마신 다음 날 무조건 안 좋아지는 질병 두 가지가 공황장애와 통풍이라는 말이 있을 정도로, 공황장애에 음주는 치명적입니다. 음주 다음 날에는 뇌의 과각성으로 공황발작을 경험할 가능성이 더욱 높아집니다.

마치 스프링을 손으로 꾹 눌렀다가 떼면 더 튀어 오르듯이, 알코올로 진정돼 있던 뇌에서 알코올이 사라지며 뇌가 과각성되는 것입니다. 불안을 없애기 위해 술을 찾는 활동을 반복하면, 활성화돼야 할 전두엽의 기능도 더 상실되고 맙니다. 이 경우 반복적인 전두엽의 손상으로 알코올성 치매가 유발되기도 하고요.

또 하나의 원인은 치료를 받다 호전되는 듯하면, 바쁘다거나 약을 먹기 싫다는 이유로 자의로 치료를 중단하는 것입니다. 그리고 다시 재발해서 병원에 오고 다시 중단하는 과정을 몇 차례 반복하다 효과가 없다고 치료를 포기하는 것이죠.

양재웅　공황장애의 약물 치료는 6개월 정도가 걸립니다. 좀 나아졌다고 그전에 멈추면 재발할 수밖에 없습니다. 그리고 6개월 치료 이후에도 경과를 보며 지속적으로 치료하는 것이 좋습니다. 분석 치료를 통해 불안도가 높고 조절이 어려운 근원적인 이유를 함께 찾아나가는 것도 중요합니다. 공황장애는 많은 경우 불안에 대해 이성적인 접근을 하지 못한 결과 발생하기 때문입니다. 따라서 공포, 두려움 등의 감정을 담당하는 뇌의 특정 영역이 자극되는 순간, 본인의 상황과 상태를 객관적·이성적으로 보는 힘을 기르기 위한 인지 행동 치료도 함께하는 것이 좋습니다.

# 불안한 생각에 한번 사로잡히면
# 걷잡을 수 없이 커져요

남편이 1여 년 전에 비행하는 직업을 갖게 된 뒤로,
행여 사고라도 날까 너무 불안합니다.
심할 때는 비행 전날 남편 앞에서 울기도 했어요.
남편은 그런 저를 다독여주지만 불안한 것은 여전합니다.
벌어지지도 않은 일에 이토록 불안해하는 것, 불안장애일까요?

양재진  사람은 누구나 내면에 불안을 갖고 있습니다. 이는 매우 자연스러운 상태입니다. 낯선 곳에 가거나 새로운 사람들을 만날 때 마음속에는 불안, 두려움, 설렘과 같은 많은 감정들이 복합적으로 생겨날 수 있습니다. 그렇기에 불안 자체를 병리적으로 볼 필요는 없습니다. 하지만 그 불안이 합리적이지 않고, 일상생활에 좋지 않은 영향을 끼친다면 좀 더 세심하게 살펴볼 필요가 있습니다.

자신이나 가족이 위험 요소가 있는 직업을 가진 경우 사고로 다칠 수도 있다는 생각을 할 수 있습니다. 하지만 시간이 지날수록 그런 상황에 익숙해지는 것이 아니라, 처음과 똑같이 혹은 더 많이 불안해진다면 특정 공포증을 생각해볼 수 있습니다. 그리고 만약 직업적인 요소와 상관없는 일상의 대부분에까지 불안이 영향을 끼친다면 범불안장애 또한 의심해볼 수 있습니다.

또는 재앙 사고에 대한 강박의 가능성도 고려해볼 수 있습니다. 이 경우 자신이나 가족, 사랑하는 사람들이 사건이나 사고로 다치거나 죽을지도 모른다는 생각에 막연한 불안을 느끼는 강박 사고에 사로잡히게 되는데요. 이를 떨치기 위해 외출을 삼가거나 가족과 주변인들의 외출과 여행을 만류하는 강박 행동을 이어서 하게 됩니다.

만약 다른 일에는 크게 불안을 느끼지 못하지만 유독 어떤 상황이나 요소에만 큰 불안을 느끼는 특정 공포증이라면 그와 관련한 트라우마가 있거나 과거에 충격받은 일이 있었는지를 살펴볼 필요가 있습니다. 비행 사고에 과도한 불안을 느끼는 경우는 원가족 중에 그에 민감한 사람이 있을 수 있으며, 그 학습의 영향으로 비행을 곧 '매우 위험한 것'이라고 생각해 불안한 마음이 커진 것일 수 있습니다.

하지만 이처럼 특정 상황이 아니라 대부분의 상황에 초초함, 긴장감, 안절부절함을 느끼고, 쉽게 지치거나 집중하기 어렵다면 범불안장애로 추측해볼 수 있습니다. 이 두 가지 모두 환경적으로는 어린 시절 부모님의 과보호를 받았거나, 행동을 억제당한 경험이 있을 수 있고, 특별한 원인이 없을 수도 있습니다.

만약 이런 불안에 더해 청결, 정리 정돈을 비롯한 정렬, 수집과 저장이라는 다른 주제의 강박이 공존할 경우에는 일상생활을 유지하는 데 어려움이 많을 것입니다. 이때는 정신건강의학과에 방문해 강박증에 대한 정확한 평가와 적절한 처치를 받는 것이 도움이 됩니다.

양재웅  가족의 안전을 걱정하는 마음은 누구에게나 있습니다. 사랑하기 때문에 불안한 것이 당연합니다. 하지만 불안해하는 가족을 곁에서 지켜보는 마음은 더욱 편하지 않을 것입니다. 진짜 가족을 위하는 것은 편안한 마음으로 일과 일상을 이어갈 수 있도록 해주는 것이죠. 불안이 걷잡을 수 없게 밀려온다면 다음의 세 가지 방법에 따라 불안을 낮추는 연습을 해보길 바랍니다.

먼저, 불안이 올라올 때마다 깊게 심호흡을 하는 것입니다. 이는 많은 사람들이 알고 있는 흔한 방법이지만, 정작 필요할 때는 불안을 일으키는 생각에 몰두돼 떠올리기가 쉽지 않습니다. 그러므로 의식적으로 이 방법을 기억하고, 불안이 심해진다면 최대한 다른 생각이 떠오르지 않도록 깊게 심호흡을 반복해보세요.

이는 뇌의 전두엽 중간에 위치한 대상회라는 부위와 관련이 있습니다. 대상회는 파페츠 회로(papez circuit)라고 하는 감정과 기억의 폐회로의 한 축으로서 머릿속에 안 좋은 생각이 떠오를 때 그 생각을 점점 더 부추기는 회로입니다. 이때 심호흡에 집중하고 명상을 함으로써 대상회를 안정시키는 것입니다.

다음으로, 떠오르는 생각들의 현실 가능성을 계산해봅니다. 모든 일은 스스로 어떻게 해석하느냐에 달려 있습니다. 나를 괴롭히는 생각에 사로잡혀 좋지 않은 상상에 매달리지 말고, 생각이 그냥 스쳐 지나가도록 해주세요. 비행 사고의 경우라면 확률이 낮다 해도 발생할 가능성은 분명 있습니다. 하지만 낮은 확률로 발생할 '비행 사고' 때문에 높은 확률로 발생할 '안전한 비행'에 대한 생각을 놓쳐서는 안 됩니다. 비행은 무조건 위험하다는 생각에서 벗어나 아무 일도 없을 것이라는 믿음을 가져야 합니다.

다른 위험한 직업군의 경우도 마찬가지입니다.

마지막으로, 불안이 올라올 때마다 그 불안을 미룰 만한 다른 일을 해보는 것입니다. 취미 생활을 하는 것도 좋은 방법입니다. 일상 속에서 걱정과 불안이 시시때때로 커진다면 그때마다 '일단 ~를 하자'라고 되뇌며 걱정을 뒤로 미루려는 노력을 해보길 바랍니다. '일단 밥을 먹자' '일단 청소를 하자' 등 다른 것들을 하며 걱정할 시간을 뒤로 미루는 것입니다.

TV를 보는 것과 같이 수동적인 활동이 아니라 능동적인 활동, 특히 앞서 이야기한 것처럼 계획과 실행, 성취와 피드백을 얻을 수 있는 운동처럼 전두엽을 자극하는 활동에 집중하는 것이 좋습니다. 그러다 보면 어느새 가족은 내 곁에 와 있을 것입니다.

강박증과
강박성
인격의 차이

과거에는 정신건강의학과의 질환을 크게 정신증과 신경증이라는 두 가지 카테고리로 나눴습니다. 이 중 정신증에는 대표적으로 조현병과 망상장애가 있으며, 신경증에는 우울증과 불안장애가 대표적입니다. 현대인들이 많이 겪고 있는 공황장애 또한 불안장애의 일종이고요. 이외 범불안장애, 사회불안장애 또한 불안장애의 대표 질환이고, 많은 사람들이 알고 있는 폐소공포증, 고소공포증, 환공포증 등의 특정 공포증들도 여기에 해당합니다.

불안도와 긴장도는 누구나 다 갖고 있지만 사람에 따라 정도의 차이가 있습니다. 그리고 그것으로 유발된 스트레스에 대한 반응도 개인마다 모두 다르고요. 쉽게 말해 스트레스를 감당하는 능력에 차이가 있는 것입니다. 따라서 누군가에게는 별것 아닌 일이, 다른 누군가에게는 큰 불안 요소로 다가와 일상생활에 지장을 주기도 합니다.

강박장애는 과거에는 불안장애에 속해 있었지만, 이제는 구분해서 분류하는데요. 강박증은 크게 강박 사고와 강박 행동으로 이뤄집니다. 머릿속에 내가 원하지 않지만 나를 불안하게 만드는 생각이 끊임없이 떠돌면, 불안을 없애기 위해 어떤 행동을 하는 것이죠. 즉 강박 사고란 나를 불안하게 만드는 생각, 강박 행동이란 불안을 잠재우려는 행위를 뜻합니다.

강박증은 여러 양상으로 나타나는데, 그중 흔히 말하는 결벽증은 청결이나 오염에 대한 강박을 말합니다. 앞서 언급했듯이 오염됐다는 생각, 즉 강박 사고를 지워내기 위해서 반복적으로 손을 씻는 강박 행동을 보이는 경우가 이에 해당합니다.

정리 정돈을 비롯한 정렬에 대한 강박증도 있는데, 이는 크게 두가지로 나뉩니다. 옷을 색깔이나 용도별로 구분해놓는 등 누가봐도 정리 정돈을 깔끔히 하는 경우는 겉으로 봐도 결벽증으로 느껴지죠. 하지만 다른 사람이 보기에는 지저분한데 자기만의 규칙이나 원칙에 따라 배열해놓는 경우도 있습니다. 이런 유형의 경우 방이나 책상을 치워주면 화를 냅니다. 누군가가 자신의 물건을 마음대로 옮기는 것을 굉장히 싫어하죠. 깔끔한 정렬에 대한 강박과 지저분한 정렬에 대한 강박 모두 어떤 물건이 항상 제자리에 있어야 한다는 공통점을 갖고 있습니다.

그리고 대칭에 대한 강박증도 있습니다. 이 경우 벽에 현수막이나 거울, 액자 등을 걸 때나 책상 위에 물건을 놓을 때 반드시 평행을 맞춰 반듯하게 배치하려 합니다. 이외에도 수집 강박증, 즉저장 강박증이라고 해서 물건을 버리지 못하는 경우도 있고요. 필요 없는 물건도 왠지 쓸모 있을 것 같아서 계속 버리질 못하죠. 저장 강박증은 생활을 공유하는 사람들과 공간 사용에 대한 트러블을 일으키기 때문에 이혼까지 갈 정도로 심각한 문제입니다.

보도블록의 선을 밟으면 하늘이 무너진다고 생각해 절대 밟지 않는다거나, 누군가 한쪽 어깨를 치고 가면 반드시 반대쪽 어깨를 본인이 쳐야 한다든가 하는 것도 강박증의 전형적인 증상입니다. 머릿속으로 자신을 불안하게 만드는 생각이 떠오르면, 스스로도 그 생각이 타당하지 않고 잘못됐다는 것을 알면서도 자신만의 의식 없이는 불안이 잠재워지지 않는 것입니다. 때문에 반대쪽 어깨를 치는 강박 행동을 통해 강박 사고를 취소시키는 것이고요. 아마 이 경우는 대칭 강박증이 있을 가능성도 높습니다.

이외에 칼이나 송곳, 볼펜 등의 뾰족한 물건을 보면 불안해하는 경우도 있는데, 특정 공포증에서와는 달리 자신이 해를 당한다기보다는 상대에게 해를 가할까 봐 불안해하는 경우가 대부분입니다. 상대의 눈을 잘 쳐다보지 못하는 사람들 또한 내가 상대에게 공격성을 드러낼까 봐 이를 두려워하는 경우가 많고요.

강박증을 이야기할 때 한 가지 기억해야 할 것은 강박증과 강박성 인격은 다르다는 점입니다. 흔히 깔끔하고 정리 정돈 잘하고 완벽주의적인 성향을 가진 사람에게 결벽증이라거나 강박증이라는 표현을 하는데요. 강박증과 강박성 인격 사이에는 자아 이질적이냐, 자아 동조적(ego-syntonic)이냐의 차이가 있습니다.

강박성 인격인 경우 자아 동조적으로, 스스로가 정리 정돈을 원해서 하고 이에 대한 자부심을 갖는 경우도 있습니다. 이때 자신의 강박적인 원칙을 타인에게 강요할 경우 주변 사람들이 괴로워지는 상황이 발생하기도 합니다. 반면 강박증의 경우 자신도 원하지 않는 생각이 강박적으로 떠오르고 이를 막기 위해 특정 행동을 반복하는 것으로, 스스로도 굉장히 괴로워합니다.

단순히 손을 잘 씻고 주변을 깔끔하게 정리하는 것은 분명 좋은 습관입니다. 강박성 인격장애를 비롯해 정신과에서 병으로 진단을 내리기 위해서는 그 증상 때문에 직업적 기능과 사회적 기능의 손상, 대인관계 문제가 동반돼야 합니다. 이를 제외한 대부분의 경우는 청결이나 정리 정돈에 집착하는 성향이 있는 정도입니다. 보기에는 비슷할지 몰라도 강박증과 강박성 인격은 전혀 다른 차원에 있습니다.

# Chapter 3

## 미래

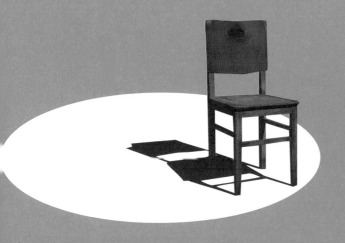

고민은 하되
절망은 하지 말 것

인생은 지금 끝내고 싶다고 그리 쉽게 끝낼 수 있는 것이 아닙니다.
젊음이라는 한계를 인식하고 지금부터라도 나의 인생을 길게 보세요.
그리고 내일을 위해 준비하는 하루하루를 사세요.

오늘을 희생하라는 이야기가 아닙니다.
시간과 에너지를 현재와 미래에 적절히 배분하는 것이
장기적으로 행복해지는 방법입니다.

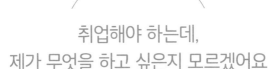

# 취업해야 하는데,
# 제가 무엇을 하고 싶은지 모르겠어요

전공에 맞는 좋은 학과를 갔지만 졸업을 앞둔 상황에서
잘하는 것이 무엇인지, 꿈이 무엇인지, 무엇을 해야 하는지 모르겠습니다.
상황을 회피하고 쉬운 길로만 가려는 스스로가 밉기도 하고,
부모님 기대만큼 잘할 자신이 없어 걱정도 됩니다.
자신감과 자존감이 계속 떨어집니다.

양재웅  부모님의 기대에 대한 부담, 내가 진짜 원하는 것이 무엇일
까에 대한 고민, 취업을 준비해본 사람이라면 모두 공감할 만한
이야기입니다.

양재진  우리 모두 그런 시기를 겪고 사회에 발을 내딛게 됩니다.
이 말은 곧 그 나이대에는 누구나 취업을 고민해야 한다는 것과
도 같고요. 사람이 성장 과정에 따라 아이에서 어른이 돼가며 반

드시 해야 하는 숙제, 이를 발달 과업이라고 하는데요. 모든 사람은 이를 달성함으로써 다음 단계로 성장할 수 있습니다.

숙제는 누구도 대신해줄 수 없고, 반드시 스스로 해야 합니다. 월반도 할 수 없습니다. 첫 번째 숙제를 스스로 끝마쳐야 그 결과물을 갖고 비로소 두 번째 숙제를 할 수 있습니다. 결국 발달 과업이란 정해진 나이대에 스스로 성취해야 하는 인생 숙제인 것이죠.

취업은 20대가 됐을 때 반드시 해야 하는 인생 숙제입니다. 일을 얻고 경제활동을 해나가는 것은 그 나이대에 반드시 풀어야 하는 과업인 것이죠. 지금까지 해본 적이 없는 만큼 낯설고 불안하고 긴장되고, 그러다 보니 불편한 것이 당연합니다. 물론 사람마다 정도의 차이는 있습니다. 낯선 사람을 만나도 잘 어울리는 사람이 있는 반면, 낯을 가리고 불편해하는 사람이 있는 것처럼요. 발달 과업을 대할 때도 성향의 차이가 크게 작용을 합니다.

새로운 사람을 만나는 것, 낯선 장소를 가는 것도 쉽지 않은데 지금까지 살아온 방식과 전혀 다른 새로운 삶을 맞닥뜨린다는 것은 굉장한 스트레스가 될 수밖에 없습니다. 그 상황과 과정 속에서 힘들고 불안한 것은 당연한 것입니다. 그렇다고 당연한 불편 속에서 너무 오랫동안 힘들어하는 것도 나에게 좋지는 않겠죠. 나만 힘든 것이 아니라 누구나 다 힘들 수 있는 것이고, 그렇게 힘든 것이 당연한 것이라는 생각을 했으면 좋겠습니다.

돈을 버는 것은 일의 두 번째 목적일 뿐입니다. 첫 번째 목석은 바로 자아실현이죠. 물론 아르바이트를 하면서도 자아실현은 가능합니다. 하지만 한계가 있을 수밖에 없습니다. 내가 무엇을 잘하고 좋아하는지, 그리고 무엇을 할 수 있는지를 알기 위해 직접 부딪혀보세요. 그리고 이를 통해 정말 나의 일이라고 삼을 만한 직업을 찾아야 합니다.

힘들고 불편하고, 긴장되고 불안하고, 두려운 감정들 앞에서도 반드시 해야만 하는 숙제라는 것을 결코 잊지 마세요. 부딪히지 않으면 내가 무엇을 잘하고 좋아하는지, 나에게는 무엇이 맞는지 절대 알 수 없습니다.

양재웅 회피하고 있다는 점을 스스로 인지하고 있다면 이는 분명 좋은 신호입니다. 하지만 스스로 회피하고 있다는 것을 인지하면서도 행동이 달라지지 않는다면, 자기 자신이 마음에 들지 않을 것이고 결국 자존감이 낮아질 수밖에 없습니다.

인생은 지금 끝내고 싶다고 그리 쉽게 끝낼 수 있는 것이 아닙니다. 내가 별로라는 생각이 들어도 계속해서 걸어가야 하는 것이 인생입니다. 젊음이라는 한계를 인식하고 지금부터라도 나의 인생을 길게 보세요. 그리고 내일을 위해 준비하는 하루하루를 사세요. 마음에 들지 않는 나를 변화시키기 위해 지금 노력하지 않으면, 시간이 흐른 뒤에 할 수 있는 것은 후회밖에 없습니다.

양재진   내일을 위해 오늘을 희생하라는 이야기가 아닙니다. 오늘 행복하기 위해서는 오늘을 열심히 살아야 한다는 것입니다. 행복이라는 보상은 오늘을 열심히 사는 사람에게 따라옵니다. 매일 같은 일상을 반복하고 시간을 낭비하면서 그 안에서 행복을 찾는 것은 욕심입니다. "어제와 같은 오늘을 살면서 오늘과 다른 내일을 바라는 것은 정신병이다"라는 아인슈타인의 말처럼, 아주 작은 변화를 통해서도 오늘 이 순간에서 행복을 찾을 수 있고, 오늘보다 나은 내일을 맞이할 수 있습니다.

아이에서 어른이 되려면 '하고 싶지만, 참고 하지 않는 것' '하기 싫지만, 참고 하는 것'이라는 전제 조건 두 가지를 충족해야 합니다. 적지 않은 사람들이 이 두 가지를 못 하는 경우를 어렵지 않게 볼 수 있습니다. 내가 지금 하고 싶은 것이 있어도 해야만 되는 것을 위해 참을 수 있어야 하고, 정말 하기 싫은 것도 내가 해야 하는 것을 위해 참고 하는 노력을 해야 진짜 어른이 될 수 있습니다.

양재웅   10대 시절부터 하고 싶은 것이 명확한 사람도 있지만, 20대가 훌쩍 지나서도 진짜로 무엇을 하고 싶은지 모르는 경우도 많습니다. 사람이 똑같이 100년을 사는 것 같아도 각자의 시간, 저마다의 때라는 것은 사실 모두 다릅니다. 확실한 것은 아무것도 도전하지 않으면 내가 진정 무엇을 원하는지 알 수 없다는 것입니다. 내가 무엇을 잘하고, 무엇을 할 때 신나는지를 알기 위해서는 계속해서 새로운 것, 피하고 싶은 것에 도전해봐야 합니다.

어떤 제안이나 제의를 받았을 때, 무섭고 싫고 두려운 마음만 앞세워서는 한 발짝도 나아갈 수 없습니다. 과감히 "예스"라고 말하고 스스로를 던지는 연습을 해보는 것이 중요합니다. 다양한 분야를 접해보거나, 한 가지 분야를 깊이 있게 경험함으로써 정말 내가 원하는 것이 무엇인지 알아가는 시간을 갖길 바랍니다.

양재진   하다못해 옷이나 구두를 살 때도 최소한 몇 군데 매장을 다니며 입어보고 신어보고 사는데, 삶에서 가장 중요한 축을 이루는 직업을 정하는 데 부딪혀보지 않는다면 스스로에 대해 제대로 알 수 있을까요? 잘할 수 있을까에 대한 고민보다 나 스스로를 알아가 보자는 마음으로 부딪힌다면 정말 좋아하고, 잘하고, 할 수 있는 일을 찾을 수 있을 것입니다.

양재웅    소위 성공 사다리가 부모님 세대의 재력으로 결정되는 현실 앞에, 젊은 세대를 중심으로 욜로족이 생겨나는 것은 우리 사회의 씁쓸한 자화상입니다. 그러나 지금에만 집중하는 것으로는 자신의 성장을 기대할 수 없기에, 행복 또한 얻을 수 없습니다.

스스로 온전히 행복하기 위해서는 꿈꿀 수 있는 내일이 있어야 합니다. 내가 소비하고 싶은 시간과 에너지를 현재와 미래에 적절히 배분해서 사용하는 것이 장기적으로 행복해지는 방법입니다. 지금 하기 싫어도 해야 하는 것을 하면서 하고 싶은 것을 찾고, 그렇게 하고 싶은 것 중에서 지금 할 수 있는 것들을 하는 것, 이 세 가지의 밸런스를 잘 잡는 것이 행복할 수 있는 길입니다.

이때 부모님의 기대에 대해서는 너무 걱정하지 마세요. 부모님이 나를 그 누구보다 걱정하는 사람인 것은 맞지만, 나의 인생을 대신 살아주거나 책임져줄 수는 없습니다. 그 기대를 충족시키기 위한 삶이 아닌, 본인의 삶을 살아내길 바랍니다.

# 사주, 타로, 별자리를
# 너무 맹신해요

경미한 우울증을 앓기 시작할 무렵, 사주에 관심을 갖기 시작했어요.
처음에는 재미 삼아 어플로 보기 시작한 것이,
이제는 작은 고민에도 철학관, 사주 카페, 타로 집을 찾게 됐습니다.
아침마다 운세를 보고 그날 운이 안 좋으면
하루 종일 기분이 안 좋고 무기력해집니다.

양재진    사람들은 미래가 너무 불투명하고 막막할 때, 현재 내가 어떻게 살아야 하는지 갈피를 잡지 못하고 마음 둘 곳이 없을 때 사주에 매달리게 됩니다. 그곳에서 운이 나쁘다거나 복이 없다는 등의 좋지 않은 이야기만 들었다면 오래 지속되지 않겠지만, 대부분 곧 잘 풀린다, 대운이 온다 등 긍정적인 피드백을 받죠. 현실은 달라지지 않았을지라도 마음에는 큰 힘과 위안을 받았기 때문에 반복적으로 다시 찾게 되고요. 어려운 일을 겪고 있을 때 현실을 잊는 하나의 도피처로 삼는 것입니다.

사실 이런 굴레에서 벗어나기 위한 가장 좋은 해결책은 현실을 바꾸는 것입니다. 경제적·사회적 지위가 올라가고 스스로에게 자신이 생기면 이런 맹신에서 자연스럽게 벗어날 수 있습니다. 그러므로 왜 사주에 빠지게 됐는지, 지금 처한 상황이 어떤지를 먼저 살펴보는 것이 우선입니다. 아마 주관적으로나 객관적으로나, 경제적·사회적으로 힘든 상황에 처해 있을 가능성이 큽니다. 이처럼 마음을 의지할 곳이 필요할 때 사주와 점 등에 가장 빠지기 쉬우니까요.

사주나 역술을 보는 곳의 답은 어느 정도 비슷합니다. 어떻게 풀어내느냐에 따라서 조금씩 차이가 있을 뿐이죠. 사실 답은 이미 본인이 알고 있을 것입니다. 위로의 말을 듣고 싶어서 그곳에 갈 가능성이 크죠. 지금 내가 어떤 상태인지, 나의 마음이 어떤지를 잘 살펴보고 그 위안을 다른 곳이 아닌 스스로에게서 찾아야 합니다.

양재웅   국내 사주 시장에서 오가는 돈의 액수는 상상을 초월합니다. 그만큼의 돈이 위로를 위해서 사용되고 있는 것이죠. 사주나 점은 나를 궁극적으로 변화시키거나 근본적인 해결책이 되지 못합니다. 좋은 사주를 갖고 있는 것이 현실에 위안이 될 수는 있겠지만, 그것만 믿고 아무것도 하지 않는다면 결코 잘될 수 없습니다. 미래는 사주가 결정짓는 것이 아니라, 나에게 달린 것이니까요.

양재진　오늘의 운세를 봤는데 운이 안 좋으면 하루 종일 기분이 안 좋고 무엇을 해도 일이 잘 안 풀리는 것 같다는 느낌, 적지 않은 사람들이 공감할 것입니다. 그런데 이런 운명론은 그 자체로 결과론적 이야기입니다. 마치 징크스처럼 오늘 운이 안 좋다는 마음으로 하루를 시작하기 때문에 누구를 만나고, 무슨 일을 하든 모두 부정적으로 받아들이게 되죠. 결과적으로도 부정적인 일이 일어날 수밖에 없는 것이고요. 사주, 관상, 손금, 해몽 등이 모두 그렇습니다. 사주가 이래서, 관상이 이래서, 손금이 이래서, 그 꿈을 꿔서 이렇게 된 것이 아닙니다. 결과론적으로 해석을 한 뒤에 그 안에 자신의 운명을 끼워 맞추죠. 선후 관계가 바뀐 것입니다.

양재웅　흔히 팔자라는 말을 하는데, 정신건강의학과에서는 이를 반복 강박으로 봅니다. 괴롭고 고통스러웠던 과거 상황을 반복하고자 하는 강박적인 충동을 말하는데요. 쉽게 말해 좋지 않은 선택을 똑같이 반복적으로 하는 것입니다. 정작 당사자는 스트레스를 야기하는 사건이 자신의 성격이나 행동 때문에 유발됐다는 사실은 알지 못하고, 불운이나 운명의 탓으로 돌립니다.

반복 강박에서 벗어날 수 있는 방법은 하나입니다. 내가 어떤 사람인지, 어떤 성향인지를 깊이 들여다보고 비슷한 상황에서 다른 선택을 하는 것이죠. 소위 팔자를 고칠 수 있는 방법은 그것 하나입니다.

상담이나 심리 검사를 통해 스스로를 제대로 보려는 노력이 아닌, 외부에서 나에 대해 풀어주는 사주나 점으로는 절대 바뀌거나 영향을 받을 수 없습니다. 직접 나를 알아가려는 노력을 통해 내가 보완해야 할 점과 버려야 할 점을 깨닫고, 실제로 바꿔나가면서 스스로에게 피드백을 해줄 때 현실은 개선될 수 있습니다.

<u>양재진</u> 지금까지 사주나 점을 보며 들었던 이야기들은 어느 정도의 큰 그림으로 두고, 이제부터라도 자신이 만들어가는 인생을 살았으면 합니다. 삶에 대한 주인의식을 통해 인생의 주도권을 나에게 주세요.

양재웅  삶의 방향성이 잘못됐다는 것을 깨달았을 때는 나의 운명을 주변 사람들이 아닌 스스로에게 물어보세요. 내 인생의 방향키를 쥐고, 주체성 있게 개척해나가야 합니다. 일시적인 위안에 매달려 궁극적으로 나를 바꿀 수 있는 기회를 놓치지 마세요. 그 시작을 어떻게 해야 할지 잘 모르겠다면 전문가와의 상담을 통해 변화를 시작하길 바랍니다.

# 죽음이 두려워
# 건강기능식품에 집착하고 있습니다

죽음 이후에 대한 두려움이 시작된 것은 중학생 때부터였습니다.
그 무렵 할머니가 돌아가셨는데,
본인의 의사와 달리 어른들의 결정으로 화장을 했어요.
그 때문인지 이후에 더 심해진 것 같고요.
성인이 되고는 건강에 집착해 먹는 영양제만 10여 종에 이릅니다.

양재웅  과하지 않은 선에서 몸에 부족한 영양소를 섭취하고, 건강을 챙기는 것은 문제가 아닙니다. 그보다 중요한 것은 이처럼 행동하게 한 마음의 상태를 살펴보는 것입니다. 어린 시절 부모님의 죽음에 대한 상상, 부모님의 부재를 두려워해본 경험이 대부분 있을 것입니다. 그래서 부모님을 비롯해 애착 관계가 끈끈하게 형성된 사람을 잃는 것은 하나의 트라우마로 자리 잡을 만큼 충격적인 일입니다.

특히 어린 시절을 조부모님과 함께 보낸 경우, 그들의 죽음은 어린 나이에 처음으로 접하는 죽음이라는 점에서 큰 충격으로 자리 잡을 수 있습니다. 여기에 심리적인 거리까지 가까웠다면 그 정도는 더할 테고요. 이토록 가까운 사람의 죽음과 이후 화장을 하고 장례를 치르는 일련의 과정이 사후 세계에 대한 두려움을 더욱 증폭시킬 수 있습니다.

사실 살아 있는 사람이라면 모두 죽음에 대한 두려움이 있습니다. 하지만 죽을 때의 과정, 사후 세계에 대해서는 결코 알 수 없죠. 그래서 일부는 심각할 정도로 죽음에 대한 불안을 갖고 살기도 합니다. 이처럼 죽음 또는 죽음의 과정에 극도의 공포심을 갖는 것을 사망공포증이라고 합니다. 미국정신의학회에서 아직 정신장애로 분류하지 않았기 때문에 현재는 일반적인 불안장애로 진단합니다.

양재진  정신분석의 창시자 프로이트(Sigmund Freud)는 죽음을 경험해본 사람은 없기 때문에, 죽음을 두려워하는 것은 죽음 자체가 아니라 해소되지 않은 어린 시절의 갈등에 대한 두려움의 표현이라고 말했는데요. 두려움이란 우리를 보호하기 위해 발전한 기본적인 감정입니다. 두려움에는 자극과 자극에 대해 내리는 해석, 그리고 자극과 관련해 만들어내는 상상 두 가지가 있습니다.

즉 실제적인 두려움과 비실제적인 두려움이 있는 것이죠. 실제적인 두려움은 현재적 위험에 대한 반응이지만 비실제적인 두려움은 상상으로부터 생깁니다. 죽음에 대한 두려움은 상상으로부터 생겨난 비실제적 두려움입니다. 이는 우리의 뇌가 습득한 정보가 없을 때, 공백을 상상으로 채우는 특징을 갖고 있기 때문입니다.

죽음은 누구에게나 두렵고 받아들이기 힘든 일입니다. 하지만 사람은 모두 죽는다는 것은 결코 변하지 않는 가장 큰 진리입니다. 이를 거부하고 받아들이지 못하는 것은 스스로를 괴롭히는 일밖에 되지 않습니다.

그래도 죽음을 받아들이기 어려울 경우에는 역으로 죽음을 계속 떠올리는 것도 하나의 방법입니다. 죽음을 미지의 세계의 일로만 두기보다 확실한 정보 수집과 가치 정립을 통해 부정적인 상상으로 생기는 불안을 막는 것입니다. 죽음에 대한 공포를 내 안에서 스스로 키워가지 않도록요.

죽음을 두려워한다는 것은 지금 현재가 너무 소중하다는 반증일

지도 모릅니다. 때문에 적당한 정도로 죽음을 두려워하는 것은 스스로의 건강과 생활 방식에 주의를 기울일 수 있는 적절한 행동이라고 볼 수도 있습니다. 죽음은 회피하고, 덮어두고자 애쓰면 애쓸수록 더 허망하기 쉽습니다. 타인의 죽음 앞에서 나도 죽으면 어떡하지를 걱정하기보다 남은 나의 삶을 어떻게 살아야 할지를 고민하는 것이 더욱 현명한 방향입니다.

양재웅 　삶은 죽음이 있기 때문에 의미가 있습니다. 죽음 없이 삶이 무한하다면 이토록 열심히 살 필요가 있을까요? 우리가 하루하루에서 의미를 찾는 것도 열심히 살아온 나날들의 흔적을 죽기 전에 남기기 위해서입니다.

유한한 시간이기 때문에 무엇인가를 이루기 위해, 남기기 위해 노력하고 성장하는 과정에서 행복을 느낄 수 있는 것입니다. 살아 있다는 느낌에 감사할 수 있는 것입니다. 이 점을 항상 염두에 두고 죽음에 대한 두려움보다는 살아 있다는 행복에 무게 중심을 두고 살아가면 좋겠습니다.

# 걱정이 너무 많아서
# 생각이 끊기지 않아요

평소 혼자 있는 것을 잘 견디지 못하는 성격입니다.
하지만 최근 여러 상황 때문에 혼자 있는 시간이 많아지면서
생각도 덩달아 많아졌어요.
생각이 생각의 꼬리를 물다 보면
결국에는 우울해지기까지 합니다.

양재진   생각이 많은 성격의 경우 아직 일어나지 않은 일까지 상상하며 과한 걱정을 하는 경우가 많습니다. 이처럼 부정적인 생각이 계속해서 꼬리에 꼬리를 무는 반추는 우울증의 증상 중 하나이기도 합니다. 어떤 일이 발생한 순간부터 그로부터 야기될 수 있는 갖가지 상황을 떠올리며 걱정을 하는 것이죠.

아직 아무 일도 일어나지 않았는데 풍부한 상상력으로 이미 결

론까지 가 있는 경우가 많습니다. 이 경우 실제 감당해야 할 크기의 걱정보다 훨씬 더 큰 걱정을 하니, 그만큼 심리적으로 더욱 큰 피로감을 느낍니다.

걱정을 통해 미리 대비하는 자세를 갖는 것은 분명 긍정적입니다. 하지만 머릿속에서 걱정을 위한 걱정으로 남아 있는 경우는 나에게 도움될 것이 없습니다. 걱정이 시작되면 무작정 없애려고 하기보다는 그것에 직면해 지금 준비할 수 있는 것이 있는지 생각해보는 것이 좋습니다. 그리고 만약 내가 할 수 있는 것이 없다면 과감히 떨쳐버리려는 노력을 해야 합니다.

이때 필요한 것이 바로 '생각 자르기' 연습입니다. 생각의 바닷속에 빠져 있을 때는 너무 큰 망망대해 속에서 아무것도 보이지 않습니다. 지금 내가 어디 있는지도 모르고, 아직 일어나지 않은 일도 이미 일어난 것처럼 느껴지니 빠져나오기가 어렵습니다.

그럴 때는 힘들더라도 나로부터 스스로를 분리시키고 자신을 객관적으로 바라보려는 노력이 필요합니다. 머릿속에 떠다니는 수많은 걱정거리들 중 나에게 실제로 일어난 것들과 일어나지도 않았는데 미리 앞서서 걱정하고 있는 것들을 구분해야 합니다. 그리고 일어난 일에서부터 생각이 퍼져나가려 할 때, 그 순간 생각을 과감히 자르는 것이죠.

양재웅  단순히 머릿속으로 하기보다는 글로 정리하는 것이 좋습니다. 현재 일어난 일과, 일어나지 않았는데 걱정하고 있는 것을 구분해보세요. 그리고 일어난 일 중에 내가 바꿀 수 있는 것과 없는 것을 나눠보세요. 모든 작업을 마친 뒤에 현재 일어난 일 중 내가 할 수 있는 것들에 에너지와 시간을 쓰는 것, 그 외의 것들에 대해서는 내려놓고 항복하고 상황의 변화를 기다리는 것, 이것이 너무 많은 걱정에 대처할 수 있는 최선의 방법입니다.

걱정은 뇌에서 감정과 기억을 주관하는 파페츠 회로가 자극된 결과, 생각이 꼬리에 꼬리를 물면서 눈두덩이처럼 불어나는 현상입니다. 이는 이성과 논리의 뇌, 실행의 뇌인 전두엽을 자극함으로써 차단할 수 있습니다. 앞서 언급했던 것처럼 운동, 주변 정리, 필기, 청소 등과 같이 간단한 것들을 계획하고 실행하면서 작은 성취감을 느끼고 피드백을 얻으면 전두엽은 자연스럽게 자극됩니다. 이를 통해 파페츠 회로의 활성화를 막을 수 있다는 점을 잊지 말길 바랍니다.

# 엄마처럼 불행해질 것 같아
# 결혼이 두려워요

가족에게 희생하고 헌신했던 엄마를 아빠는 경제적·정신적으로 억압했고
결국 엄마는 공황장애를 앓고 있습니다.
오래 사귄 남자친구와는 한 번도 싸운 적이 없지만
결혼하면 그도 아빠처럼 변해서 엄마같이 살까 두렵습니다.
그렇다고 제가 행복한 것도 엄마께 죄책감이 듭니다.

양재진 　부모님의 결혼생활이 내 결혼의 미래가 되지 않을까 두려워하는 사람들이 참 많습니다. 동성의 부모님이 나의 첫 모델이다 보니 당연히 딸의 경우는 어머니를, 아들의 경우는 아버지를 자연스럽게 자신과 동일시하는 것이죠. 하지만 나는 아버지나 어머니와 결코 같은 사람이 아닙니다. 그러니 내가 사랑하는 사람과 새롭게 꾸릴 가정도 다를 것이 당연하죠. 이는 절대 변하지 않는 사실입니다.

아버지가 어머니를 억압하고, 이 때문에 어머니가 공황장애를 비롯한 정신 질환을 앓게 된 가정의 경우, 아버지의 성격이 강박적일 가능성이 큽니다. 이 경우 주변 사람을 잘 믿지 못하거나 모두 자신이 도맡아서 하려고 하고, 배우자나 자녀들이 모두 자신의 말을 따르길 바랍니다. 그리고 아마 결혼 전에도 그런 성격이었을 것입니다.

결혼 전에는 안 그랬는데 결혼 후에 변했다는 말이 있지만, 사실 사람은 그렇게 쉽게 변하지 않습니다. 연애 기간 동안에는 내가 보고 싶은 것만, 그리고 내가 보고 싶은 대로만 상대를 보고 평가하다 보니, 결혼 후에 미처 보지 못했던 것들이 보이면서 변했다는 이야기를 하는 것이죠. 사실 그 사람은 원래 그런 사람이었을 가능성이 큽니다. 변한 것이 있다면 상대를 바라보는 나의 시선, 관점인 것이죠.

그리고 딸들의 경우 어머니처럼 불행한 결혼생활을 하지 않을까 두려워합니다. 어머니로부터 아직 정서적으로 독립하지 못했기 때문에 어머니와 자신을 동일시하는 것이죠. 나의 행복이 어머니에 대한 죄책감으로 이어지는 것도 마찬가지입니다. 특히 희생하는 어머니 밑에서 자란 딸들이 이런 생각을 하는 경우가 많은데,

결코 느끼지 않아도 될 죄책감입니다. 어머니가 아버지와 결혼해서 자녀를 낳고 가정을 꾸린 것은 어머니의 선택입니다. 본인이 끼어들 여지는 전혀 없었던 일들입니다.

양재웅   그 상황에서 어머니가 의지했던 사람이 바로 딸이었기 때문에, 어머니의 이야기를 계속해서 들어주고, 고통을 나눠왔기 때문에 내가 어떤 사람인지보다 어머니라면 어땠을지에 대해 계속해서 생각하고 그 입장에서 답을 찾는 것입니다. 그러다 보니 어머니와의 분리는 더욱 어려워지는 것이고요.

양재진   정서적인 독립을 위해서는 어머니와 자신을 객관적으로 분리해 바라보려는 노력이 필요합니다. 어머니를 보고 자란 자녀로서는 불행한 결혼생활을 반복할까 두려울 수 있지만, 이는 어디까지나 내 안의 불안일 뿐 현실은 아닙니다. 내가 어떤 결혼생활을 해나갈지는 내가 만드는 것입니다.

양재웅   정말 아버지가 나쁜 사람일까에 대해서도 다시 생각해봐야 합니다. 어머니에게 아버지는 경제적인 주도권을 쥔 강압적인 성격의 사람이었을 수 있습니다. 그런데 정신 질환을 비롯한 어머니의 모든 고통의 원인을 아버지에게 돌리는 것은 과도한 해석일 수도 있습니다. 정신 질환만 해도 단순히 한 가지 요인으로 생기는 것이 아니니까요.

아버지가 자신에게는 어떤 아버지였는지에 대해서도 다른 접근을 할 필요가 있습니다. 남편의 역할과 아버지로서의 역할은 각각 다르니까요. 아버지를 어머니의 시선으로 평가하지 말고, 누군가의 아들 혹은 아버지, 한 사회의 구성원 등의 다양한 역할에서 어떤 사람이었는지를 객관적으로 보려고 노력해야 합니다. 이는 결국 사람을 한쪽 측면에서만 판단하지 않을 힘을 기르게 해주면서, 동시에 어머니와의 정서적인 분리에도 도움이 됩니다.

양재진 현재 60대 정도의 나이인 아버지가 청장년 때 살아온 우리나라는 현실적으로 일과 생활의 균형을 맞추기가 어려웠습니다. 그런 시대적 특수성에 따라 대부분의 자녀들은 아버지보다 어머니와 보내는 시간이 훨씬 더 많을 수밖에 없었죠. 그러다 보니 아버지를 자녀 입장에서 객관적 시선으로 바라보기보다, 어머니로부터 전해 들은 이야기로 색안경을 낀 채 바라보는 경우가 많았습니다.

그래서 60~70대 부모님과 함께 살아온 30~40대 자녀들은 어머니가 아버지에게 느꼈던 부정적인 감정들을 그대로 투영받아 아버지로서도 부정적으로 바라보는 것이고요. 나도 혹시 오랜 시간 감정을 공유했던 어머니의 입장으로 아버지를 보지 않았는지, 어머니를 한 번도 객관적으로 평가한 적이 없는 것은 아닌지 스스로 고민해볼 필요가 있습니다.

양재웅 희생하는 어머니, 아버지에게 억압당하는 어머니가 아니라 한 여자로서, 한 사람으로서 바라봐야 합니다. 이를 통해 나름의 객관적인 판단 기준이 생기면 그 잣대를 연인에게도 적용할 수 있습니다. 이때 연인과 한 번도 싸운 적이 없는 경우에는 관계가 표면적으로만, 깊게 형성되지 않은 채 이어진 것은 아닌지 의심해봐야 합니다. 서로 속내를 감추고 조심스럽게 만났을 경우, 상대를 그저 좋은 사람이라고만 이상화했을 위험이 있습니다.

양재진 누군가와 오랫동안 연애를 지속할 수 있는 것은 연인의 장점들을 많이 발견했기 때문일 것입니다. 그런데 사람의 성격이란 한쪽에서 보면 장점이었던 것이 다른 한편에서 보면 단점이 되기도 합니다. 즉 장점을 취할 때는 그만큼의 단점도 따라온다는 것입니다. 만약 자신의 연인이 억압적인 아버지처럼 변하지 않을까 두렵다면 성격의 장점과 단점을 나눠서 다시 한번 생각해보세요.

만약 꼼꼼하고 자기 맡은 일을 잘하고, 나의 우유부단한 면을 이끌어주면서 주체적으로 의견이나 결정을 잘 내는 면이 좋았다면 단점은 아버지와 비슷할 가능성이 굉장히 높습니다. 따라서 반드시 성격의 장단점을 객관적으로 다시 볼 필요가 있습니다. 그리고 내가 보고 싶은 대로, 보고 싶은 것만 찾아보지 않았는지, 혹은 보고도 실수라고 넘기고 합리화하며 옹호하지 않았는지 되돌아봐야 합니다.

양재웅   누군가와 생활을 밀접하게 공유하며 살기 위해서는 상대를 객관적으로 볼 수 있는 힘이 있어야 합니다. 이분법적으로 마냥 좋게 보는 것이 아니라 그 사람의 장단점에 대해 깊이 파고 들어갈 수 있어야, 사람에 대한 넓은 이해의 폭을 갖게 됩니다. 이를 통해 기대와 실망으로부터도 자유로워질 수 있으며, 결국 스스로 더 단단해질 수 있습니다. 그리고 결혼 이후에 나와 어떤 문제가 생길 수 있겠다는 예측도 할 수 있습니다. 정서적 독립이 이뤄지지 않은 채 균형 감각이 한쪽으로만 치우쳐져 있으면 누구와 결혼해도 행복하기 어렵습니다.

반드시 피해야 하는 결혼 유형에는 크게 두 가지가 있습니다. 그중에 하나가 부모님으로부터 도망치는 도피성 결혼입니다. 결혼이란 사람을 보는 시선이 객관화돼 있고 어느 정도의 가치 판단을 할 수 있는 상태에서 이뤄져야 합니다. 내 성격의 장단점과 여기에 맞는 사람이 누군지 이해한 뒤에 비로소 결정해야 합니다.

만약 결혼을 하며 어머니를 집에 혼자 두고 가는 것 같은 죄책감을 느낀다면, 지금 본인이 살고 있는 집은 불행한 공간이라는 것을 의미하고, 이 경우 누군가에게 의존하고 현실을 회피하기 위해 결혼을 선택했을 가능성이 큽니다. 그만큼 결혼 후의 삶에 대한 기대감이 너무 크게 자리 잡고 있을 수도 있고요. 이때 나의 선택은 부모님의 영향으로부터 벗어나서 독립적으로 이뤄진 것이 아니라, 그 영향의 결과선상에 있다고 할 수 있습니다.

이런 상황에서 내가 고른 상대는 내가 기대고 싶은 자율적이고 독립적인 사람이지만, 아버지 이상으로 강압적인 사람일 수 있고, 그만큼 부모님의 결혼생활을 재현하기 쉽습니다. 반대로 아버지와 다른 성향의 사람을 선택했다고 해도 무책임하거나 일을 미루는 등 나와 너무 맞지 않는 사람일 위험이 있고요.

또 하나 피해야 하는 결혼 유형은 부모님이 원하는 결혼입니다. 사람을 객관적으로 볼 수 있는 힘이 아직 갖춰지지 않은 상태에서, 부모님의 만족을 위해 결혼을 하면 작은 위기에도 쉽게 흔들리고 결과가 좋지 않을 때, 결국 부모님을 다시 원망하게 됩니다. 이 또한 정서적인 독립이 이뤄지지 않았기 때문에 발생합니다.

양재진   결혼은 누구와 오래 만났다고, 나이가 들었다고, 지금의 상황에서 도피하려고 하는 것이 아닙니다. 경제적·정서적 독립과 더불어 상대에게 책임과 의무를 다할 마음의 준비가 됐는지, 자신이 성숙한 어른인지를 스스로 점검해본 후에야 현명한 선택을 할 수 있습니다. 진정한 어른이 되기 위해서는 선택한 것에 책임을 지는 것만큼, 선택하기 전에도 신중히 고민해야 합니다.

# Chapter 4

## 관심

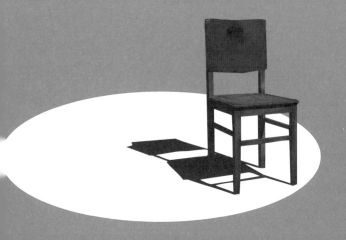

모두에게 사랑받고
싶은 것은 본능이다

사람들이 원하는 역할에 맞추기보다
나의 기분을 먼저 생각하는 연습을 해보세요.
사람들이 어떻게 생각하는지
'생각 안 하는 연습'을 조금씩 실천해보세요.

나의 인생에서 가장 중요한 것은
타인의 평가보다 '나다움'을 찾는 것이 아닐까요?
그러다 보면 정말 자신의 원하던
나만의 존재감을 가질 수 있을 것입니다.

# 내가 제일
# 예쁜 사람이 아닐까 두려워요

대입을 앞두고 있습니다.
입학하면 과에서 남학생들에게 외모를 비교당할까 불안하고 무섭습니다.
뒤에서 외모 줄 세우기를 했을 때 제가 첫 번째가 아니면 어쩌나 두렵고요.
이런 생각에서 이제 그만 벗어나고 싶은데
무의식적으로 집착하게 됩니다.

양재웅   누구나 다른 사람들에게 사랑받고 싶어 하고, 사랑받을 만한 조건을 갖추고 싶어 합니다. 더 나아가 그 자체를 인생의 목적으로 두는 사람들도 있고요. 외모를 가꾸는 것 또한 그 일환으로 볼 수 있습니다. 특히 현대사회에서는 외적인 면이 한 사람의 호감도를 크게 좌우하기도 합니다. 더 나이가 들어 인맥이나 재산 등에 목을 매는 사람들 중에는 권력이나 물질적 조건을 갖춰야 자신이 사랑을 받을 수 있다고 생각하는 경우가 많습니다.

하지만 아무리 좋은 조건을 갖춰도 결국에는 내가 나를 인정해주지 않으면, 내가 나를 사랑해주지 않으면 다른 사람의 사랑도 진심인지 의심하게 됩니다. 외적인 모습이나 경제적인 면만 보고 나를 좋아하는 것이라고 의심하는 것이죠. 당연히 행복으로부터 거리가 먼 삶을 살게 됩니다.

양재진　이처럼 자신을 평가하는 기준을 외부에 두면 자존감도 낮아질 수밖에 없습니다. 특히 예쁘다거나 잘생겼다는 평가의 경우 그 기준을 다른 사람에게서 찾는 경우가 많습니다. 스스로 자신의 외모를 칭찬할 수도 있지만 타인을 통해 평가가 이뤄질 때 객관적으로 인정받았다고 여겨지니까요. 그런 만큼 외모가 곧 나의 전부라고 생각하는 사람은 두려움과 불안도 더욱 클 수밖에 없습니다. 누군가에게 외모를 평가당한다는 것은 내가 지닌 유일한 장점이 부정당할 수 있다는 것을 의미하기 때문입니다.

이야기했듯이, 정신건강의학과에서는 직업적 기능과 사회적 기능의 손상이 일어나고 대인관계 문제가 있을 경우 병으로 진단하는데요. 그렇게 진단된 인격장애는 크게 A~C까지의 세 가지 군과 그 안의 몇 가지 유형으로 분류됩니다. 그중 B군에 해당하는 자기애성, 반사회성, 경계성, 연극성 인격장애는 가장 문제시되는 유형으로, 흔히 영화나 드라마의 소재로 가장 많이 사용됩니다.

특히 연극성 인격장애가 있거나 연극성 인격 성향이 있는 사람은 소위 관심종자, 관종이라고 불리는데, TV를 비롯해 매체에서 접하는 사람들 대부분이 연극성 인격 성향을 갖고 있다고 할 수 있습니다. 다만 이런 성향 때문에 스스로 힘드냐, 힘들지 않냐로 구분할 수 있겠죠.

그런 의미에서 외모를 비롯해 보여지는 것에 집착하는 경우 스스로 잘못됐다는 것을 알면서도 멈추지 못하는 것이 아닌지 생각해봐야 합니다. 그리고 내가 원하지 않은 평가에 대해서는 엄격하게 대처할 줄도 알아야 합니다. 특히 뒤에서 외모 줄 세우기를 하는 등 성희롱에 가까운 이야기를 하는 것은 법적으로도 문제가 될 수 있는 사안입니다. 이런 잘못된 행위로 받은 평가가 좋지 못할까 봐 불안하거나 두려워할 필요는 전혀 없으며, 절대 그래서도 안 됩니다.

양재웅 한편, 외모 줄 세우기를 당할까 걱정해봤다면 자신도 다른 사람들을 외모로 줄 세우기 하고 있다는 것의 반증일 수 있습니다. 자신에게 너무 중요한 가치다 보니 다른 사람들에게도 외모가 제일의 가치일 것이라 생각하기 쉽습니다. 하지만 나에게 중요한 가치라고 해도 실제 사회에서는 같은 의미와 무게로 통용되지 않습니다. 사람을 평가하는 데는 정말 다양한 척도들이 있습니다. 지금까지 외모에만 얽매였다면, 내가 놓치고 산 것들과 보완해야 할 것들에 대해서 한번 생각해보길 바랍니다.

그리고 자신의 외모를 평가하는 사람들은 멀리해야 합니다. 외모뿐만 아니라 나의 성격, 행동 등을 부정적으로 재단하려고 하는 사람들을 옆에 두는 것은 스스로를 함부로 방치하는 것과 다르지 않습니다. 나를 마음대로 평가할 권리는 그 누구에게도 없다는 것을 기억하길 바랍니다.

외모 외에 내가 가진 다른 강점을 스스로 찾아보세요. 그리고 그 강점을 계속해서 개발하면서 나를 인정해주세요. 다른 사람에게도 마찬가지입니다. 조건이 아닌 한 사람의 본질에서 매력을 발견하는 시야를 확보해야 합니다. 그래야만 스스로 외모에 자신감이 떨어질 때도, 나이가 들며 자연스럽게 외적 매력이 떨어지는 상황에서도, 그동안 자신이 만들어낸 생각이나 가치관, 대인관계나 업무 능력 등의 다른 강점을 통해 안정감을 느낄 수 있습니다. 진정 스스로를 사랑하기 위한 변화를 시작했으면 합니다.

# 사람들에게 제 존재감을 표출하고 싶은데, 너무 어려워요

속마음을 잘 표현하지 않는 내성적인 성격이지만,
내면에는 나만의 개성으로 많은 사람들의 관심을 받는,
요즘 말로 '힙'해지고 싶은 욕망이 있습니다.
하지만 '힙'이 레드와 같은 이미지라면,
저는 옷도 무채색에 가깝게 입고 투명과 같은 이미지 같아요.

양재진  사람의 성격은 겉으로 보이는 모습에 따라 외향과 내향으로 나뉘지 않습니다. 흔히 쾌활하고 밝아 보이고 앞서서 리드를 잘하면 외향적, 부끄러움이 많고 낯을 가리면 내향적이라고 생각하는데요. 외향과 내향을 구분하는 기준은 자신의 생각이나 감정을 밖으로 얼마나 잘 표현하느냐에 있습니다. 거리낌 없이 잘 표현하면 외향적이고, 잘 표현하지 못하고 속으로 삭이면 내향적이겠죠.

외향적인 사람들은 외부에서 벌어지는 상황에 관심이 많고, 각종 자극들에 적극적으로 반응하며, 사람들과 어울리면서 활력을 얻습니다. 반면 내향적인 사람들은 자신의 내부를 더 잘 들여다볼 줄 압니다. 집중력과 인내심이 뛰어난 편이기에 깊게 생각하고 꼼꼼하게 일 처리를 하죠. 외향과 내향은 무엇이 더 낫고 모자른 것이 아닌, 서로 다른 특질일 뿐입니다.

이를 설명한 이유는 내가 하고 싶은 것, 내가 잘하는 것, 내가 할 수 있는 것은 각각 다르다는 것을 말하기 위해서입니다. 사람들은 자신의 성향과 반대되는 사람들의 모습에 끌려합니다. 그래서 내향적인 사람이 '힙'해지고 싶은 욕망을 갖기도 하고요.

이 경우 '힙'의 일반적인 정의 자체가 자신의 성향과는 좀 동떨어졌을 가능성을 인정하는 한편, 고정관념에 있는 '힙'의 이미지가 아닌, 나에게 맞는 '힙'을 찾아보는 것이 좋습니다. '힙'이 레드라면 같은 레드라도 명도나 채도에 따라 다양한 색깔로 표현되는 것처럼, 나의 성향에 맞춰 나만의 색깔을 찾는 것이죠. 그런 방식으로 스스로의 성향을 조금씩 넓혀보고, 바꿔보려는 노력을 하는 것입니다. 지금 상태 그대로 빨간 옷만 입는 것으로는 절대 '힙'해질 수 없으니까요.

양재웅    나를 바꾸고 싶다는 것은 현재 나의 모습이 만족스럽지 않다는 의미이기도 합니다. 그럴 경우 혹시 평소 주변의 기대에 부응해주는 성격은 아닌가 스스로 생각해봤으면 합니다. 사람들이 원하는 역할에 맞추다 보면 자신만의 색깔을 드러내기는 더 어려울 수밖에 없습니다. 나의 어떤 부분이 만족스럽지 못한지, 그리고 어떻게 발전했으면 좋은지에 대해서 좀 더 자세히 고민해보세요.

내가 되고 싶은 모습이 혹시 타인들이 좋다고 생각하는 모습은 아닌지, 스스로 어떤 사람이 되고 싶은지, 내가 가진 강점은 무엇이고 이런 점들을 어떻게 발전시켜나갈 수 있을지도 생각해보길 바랍니다.

그리고 이제부터는 사람들이 본인을 어떻게 생각하는지는 미뤄놓고, 나의 기분을 먼저 생각하는 연습을 시작해보세요. 즉 사람들이 어떻게 생각하는지 '생각 안 하는 연습'을 조금씩 실천해보세요. 타인에게 맞춰가는 것도 분명 중요하지만, 그보다 더 중요한 것은 '나다움'을 찾는 것이 아닐까요? 그러다 보면 정말 자신이 원하던 나만의 존재감을 가질 수 있을 것입니다.

# 관심받지 못하면 너무 불안한데, 병일까요?

언제나 사람들에게 관심과 칭찬을 받고 싶어 합니다.
한번 칭찬받으면 크게 흥분하고, 반대로 아무 관심을 받지 못하면
상대가 나를 싫어하나 걱정돼 과장된 행동을 하기도 합니다.
관심병 환자라는 주위의 평가가 속상하면서도
그런 제가 싫기도 합니다.

양재진  감정 표현을 과장되게 하고 주변의 시선에 심하게 집착해 어디를 가든 관심을 한 몸에 받아야 한다면, 연극성 인격 성향이라 볼 수 있습니다. 그리고 더 나아가 경제적인 기능과 사회적인 기능의 손상이나 대인관계 문제를 일으키는 경우에는 연극성 인격장애로 진단됩니다. 앞서 이야기했듯이 TV에서 볼 수 있는 사람들의 대부분은 연극성 인격 성향을 갖고 있다고 할 수 있는데요. 이런 연극성 인격 성향의 사람들은 다음의 특징을 보입니다.

먼저, 관심의 중심에 자신이 있어야 합니다. 만약 어떤 장소에 갔는데 관심받지 못하는 존재가 되면 그 순간을 굉장히 힘들어합니다. 심한 경우 갑자기 아프기도 합니다. 그렇게 해서라도 사람들의 관심을 받아야 하기에 무의식에 의해 아파지는 것입니다. 그리고 관심을 받기 위해 돌발 행동을 하기도 하고요.

다음으로, 감정 기복이 굉장히 심합니다. 누군가 자신에게 관심을 가지면 기분이 급격히 좋아졌다가, 그 관심이 다른 사람에게 가면 기분이 또 급격히 하락하죠. 이런 사소한 자극에 감정이 심하게 요동칩니다.

마지막으로. 성적으로 굉장히 유혹적(seductive)입니다. 말과 표정, 행동으로 상대에게 오해의 소지를 줄 만한 성적 유혹의 자태를 무의식적으로 보입니다. 대화를 할 때도 상당히 극화해서 이야기하는데요. 문장 안에 형용사나 부사를 상당히 많이 집어넣어 미사여구를 만듭니다. 정작 본인은 자신이 그런 모습인지 잘 모르는 것 또한 특징입니다.

양재웅 사실 연극성 인격 성향의 사람들이 관심을 받았을 경우에는 주변 사람들도 행복한 경우가 많습니다. 화려한 이야기를 들으며 함께 즐거워하죠. 문제는 관심을 받지 못했을 경우인데요. 이때는 여러 사람들을 불편하게 하는 행동을 합니다. 모임에서 화기애애한 분위기가 어느 순간 확 안 좋아지는 경우, 이런 성향의 사람들이 관심을 못 받았을 가능성이 큽니다.

누구나 관심을 받고 싶어 하고, 이는 사람의 본능입니다. 그러니 혹시 누군가 나에게 관종이라고 해도 그 자체로 속상해할 필요는 없습니다. 사람이라면 누구에게나 그런 성향이 있지만 나는 그 성향이 더 강하다는 것을 자연스럽게 인정할 수 있는지가 중요합니다. 자신을 한번 살펴보세요. 가능하다면 문제가 아닙니다.

중요한 것은 내 인생의 주도권을 누가 쥐고 있느냐입니다. 다른 사람의 관심에 따라 기분이 좌우된다는 것은 나의 감정 상태의 스위치를 다른 사람에게 넘기는 것이거든요. 나의 기분은 스스로 결정할 수 있어야 하고, 인생의 주체는 자신이 돼야 합니다. 즉 그런 성향이라 할지라도 감정은 스스로 선택할 수 있어야 한다는 것입니다. 내 인생의 주인은 나라는 생각을 항상 염두에 두고 있어야 합니다.

매슬로의 인간의 욕구 5단계에서 다른 사람으로부터 얻을 수 있는 욕구는 상대적으로 채우기 쉽습니다. 인정 욕구도 그중 하나죠. 하지만 우리가 궁극적으로 가야 할 곳은 자아실현이라는 마지막 단계입니다. 다른 사람에게 나의 인생을 결정할 키를 넘겨주면 결코 자아실현은 이룰 수 없습니다.

양재진   내가 좋아하고, 잘하고, 하고 싶은 것이 무엇인지 알고 싶다면 혼자 있는 시간도 견딜 줄 알아야 합니다. 처음에는 어려울지 몰라도 그 시간을 견딘 후에는, 주변 사람들의 관심으로부터 벗어나 나의 주체성을 지킬 수 있는 힘이 생길 것입니다.

# 인스타그램에 글을 올릴 때마다
# 저한테 예술가병이래요

예술을 전공하면서 작품이나 포트폴리오를
감성적인 생각이나 받은 영감과 함께 SNS에 올리는데요.
이를 공유하는 데 스스럼없는 저와 달리,
몇몇 사람들은 제 행동이 오글거린다며
예술가 코스프레를 한다거나 힙스터 병에 걸렸다고 비난합니다.

양재진   요즘 흔히 주류이길 거부하고 비주류의 문화를 추구하는
사람들을 예술가병, 힙스터병, 홍대병 등으로 좋지 않게 표현하
는데요. 예술을 전공하는 사람이라면 자신의 영감이나 생각을
SNS에 올리는 것은 지극히 자연스러운 모습입니다. 다만 떠오르
는 영감이나 생각을 업로드하는 목적이 나의 색깔을 입히고 표현
하기 위한 것이 아닌, 다른 사람에게 보이기 위한 것은 아닌지 스
스로 한번 생각해봐야 합니다.

양재웅   누구나 나만의 고유한 색, 뾰족뾰족 모나더라도 각자 고유한 개성을 갖고 태어납니다. 그러다 사춘기가 되고 더 나이가 들며 대중의 영향을 받은 결과 색이 바래고 마치 가지치기가 되듯이 개성이 깎여나가죠. 그 결과 나만의 개성을 잃고 사회 속의 하나의 개체로서만 살아가는 경우가 많고요. 이렇듯 사람들의 입맛에 맞추기 위한 과정에서 쳐낸 가지 중에는 정말 소중한 것, 나만의 것이 있을 수 있습니다.

요즘 시대는 진지한 것에 대해 적지 않은 거부감을 보이는 경우가 많습니다. 진심을 담은 글과 사진도 SNS에 올리는 순간 목적과 의미를 의심받기도 합니다. 이때 자신을 오랫동안 바라봐준 사람들이 아닌, 쓱 훑어보고 지나가듯이 쉽게 말하는 사람들의 의견은 그리 중요하지 않습니다. 나에게 잠깐 흥미를 보였다가 또 다른 데로 갈 사람들입니다. 그들 때문에 나만이 가진 고유한 색깔, 나의 모서리를 다른 색으로 덮거나 깎아내지 않았으면 좋겠습니다.

양재진   물론 세상은 혼자 사는 곳이 아니기 때문에 성장 과정에서 모난 모양을 다듬는 작업은 어느 정도 필요합니다. 개인주의와 이기주의의 차이로도 설명할 수 있는데요. 이 둘을 가르는 기준은 타인에게 피해를 주느냐의 여부입니다. 나의 개성으로 다른 사람에게 피해가 돌아가지 않는다면 전혀 문제가 아닙니다. 하지만 개성을 뽐내며 누군가에게 피해를 준다면 절대로 용납될 수 없겠죠.

모난 부분을 너무 깎아내서 천편일률적으로 만드는 것은 옳지 않지만, 어느 정도 사회적 틀 안에 둘 필요는 있는 것입니다. 나의 의지와 생각만큼 타인이 나를 바라보는 객관적인 시각도 어느 정도 고려하면서 균형을 잡아나가는 것이 좋습니다. 즉 표현은 주저하지 말되, 사회성을 바탕으로 현실 감각을 키우면서 개성을 내보이길 바랍니다.

# 타인과 함께 있을 때는 괜찮은데,
# 혼자 있으면 너무 우울합니다

많은 사람들을 만나는 일을 8년간 해오며,
외부에 에너지를 많이 쓰며 살았습니다.
그 회의감으로 혼자만의 시간을 가졌지만, 자꾸만 우울해집니다.
노래를 듣거나 영화를 보며 그 시간을 즐기려 해도,
가사나 스토리에 빠져 눈물이 나고 우울한 마음만 듭니다.

양재웅   재충전을 위해 사람들로부터 벗어나 혼자만의 시간을 가졌지만, 혼자 있다 보니 생각이 많아져 우울해지고 그렇다고 누군가를 만나기에는 심적으로 지친 상태, 적지 않은 사람들이 공감할 이야기입니다. 이럴 때는 혼자서도 잘 지내는 사람들이 어떻게 시간을 보내는지를 살펴보고, 이를 시도해보는 것도 도움이 되는데요. 만약 그런 노력까지 모두 해본 것이라면 현재 자신의 마음을 더 자세히 들여다보는 것이 좋습니다.

**양재진**　오랜 시간 동안 많은 사람을 상대하는 일을 하는 등 한 가지 직업을 계속 유지하다 보면 누구나 매너리즘에 빠질 수 있습니다. 그러니 그런 감정이 든다면 누구나 그럴 수 있다고 당연하게 받아들여도 좋습니다.

특히 코로나19 때문에 직업적으로 사람 간의 소통이 단절되고 바깥 활동이 자제되는 상황에서는 더욱 우울감이 커질 수 있습니다. 평소라면 몇 달 지치고 힘들다가도 다시 평소의 삶으로 돌아가 털고 일어날 수 있었겠지만, 삶의 조건 자체가 바뀌어버린 상황에서는 우울감을 떨쳐버릴 계기가 만들어지지 않기 때문입니다.

간과하지 말아야 할 점은 가만히 노래를 듣다가도, 영화를 보다가도, 또는 아무 이유 없이 눈물이 나는 정도라면 이는 마음이 보내는 신호일 수 있다는 것입니다. 혹시 계속해서 내가 잘 살고 있는지 의문이 들고 의욕도 없고 부정적인 생각만 든다면, 그리고 마음뿐만 아니라 신체적으로도 몸에 기운이 없고 계속 쳐지는 등의 상태가 지속되면 우울증 검사를 받아보는 것도 도움이 됩니다. 필요하면 상담을 받는 것도 좋겠고요. 마음이 보내는 구조 신호를 무시해서는 안 됩니다.

양재웅  우리는 자주 '사람은 쉽게 변하지 않는다'는 말을 합니다. 하지만 또 아이러니하게도 '그 사람 변했어'라는 말도 흔히 하죠. 즉 성격은 타고난 기질과 성장 환경에서 많은 부분이 결정되지만, 시간이 지나면서 변하기도 합니다. 과거에는 별다른 갈등이 아니었던 일이 갈등으로 느껴지고 지치게 하는 원인이 될 수도 있습니다.

오랫동안 많은 사람들을 만나는 일을 하면서도 지치지 않는 사람은, 누군가를 상대하면서 그로부터 에너지를 얻는 관계 지향적인 성향일 가능성이 큽니다. 하지만 어느 순간 타인의 요구나 평가로 인한 동기 부여가 더 이상 원만하게 이루어지지 않고, 오히려 부담과 짐으로 느껴지기 시작할 수 있습니다. 그래서 혼자만의 시간에 에너지를 써보려고 하지만 과거에 한 번도 개발해보지 못한 충전 방식이 별다른 효과를 주지 못할 수 있죠.

우울증은 쉽게 말해서 과거에 내가 자주 써오던, 내 자아를 지킬 수 있었던 방어기제를 어느 순간 효율적으로 사용할 수 없는 상황이 왔다는 의미입니다. 바꿔 이야기하면 새로운 방어기제를 만들어야 한다는 것을 의미하죠. 하지만 한 번도 해보지 못했던, 정확히 이야기하면 방법조차 모르겠고, 효능도 잘 이해되지 않는 방어기제 혹은 스트레스에 대한 대처 방식이 바로 효과를 보이는 것은 거의 불가능한 일입니다.

이 과정에서 도움을 주는 것이 상담입니다. 나에게 원래 문제가 아니었던 것들이 어느 순간 문제가 되고 있음을 확인할 때, 새로운 대처 방식이 필요할 때, 우리는 먼저 내가 어떤 사람인지, 내가 대처해왔던 방어기제는 무엇인지에 대해서 인지할 필요가 있습니다. 그리고 그것이 더 이상 삶이라는 문제를 해결하는 데 좋은 무기가 아니게 되었음을 인지하고, 전문가와 함께 새로운 무기를 찾고 개발해나가는 과정을 밟아가야 합니다.

양재진  혼자 있는 것 또한 연습이 필요합니다. 언젠가는 부모님으로부터 독립을 해야 하고, 또 떠나 보내드리는 시간도 찾아오겠죠. 그리고 결혼 후에도 언제나 배우자와 함께할 수는 없을 것입니다. 직장생활에서 만나는 사람들과도 만남과 헤어짐이 반복되겠죠. 혼자라는 것은 어쩌면 인생의 한 단면과도 같은 것입니다.

혹시 혼자 있는 것이 익숙하지 않다면 지금부터라도 자발적으로 혼자 지내는 연습을 해보길 바랍니다. 그 과정에서 나에게 맞는 방법을 찾아나간다면 혼자라는 상황도 잘 극복할 수 있으리라 생각합니다. 매너리즘에 빠져 우울한 모습으로 지낼지, 용기 내어 한 걸음 더 나아가 내가 원하는 나의 모습을 찾을지는 스스로의 선택에 달려 있습니다.

PART 2

나와 타인의
마음 균형을
찾지 못했다면

# Chapter 1

## 가족

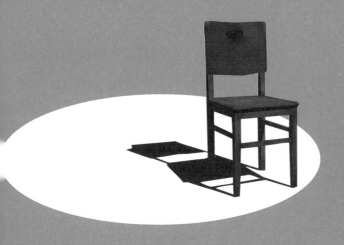

가깝기에 더욱
객관적으로 봐야 할 사이

겉으로는 평화로워 보이지만,
그 안을 파고들면 누군가 끊임없이 희생하는 가정이 있습니다.
한 사람의 희생으로 이뤄진 평화는 진정한 평화가 아닙니다.


가족이라고 반드시 얼굴을 맞대고
자주 보고 지낼 필요는 없습니다.
가족으로부터 받는 스트레스를 견딜 힘이 생길 때까지는
거리를 두는 것도 좋습니다.

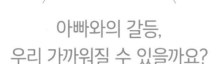

# 아빠와의 갈등,
# 우리 가까워질 수 있을까요?

보수적인 아빠께는 별일 아닌 일들이 제게는 상처입니다.
유교 사상으로 무장한 아빠와 신여성으로 자아가 완성된 맏딸이
잘 지낼 수 있는 방법이 있을까요?
서로에게 어떤 이해나 배려가 필요할까요?
평행선의 간격을 좁힐 수 있을지 의문입니다.

양재진   전혀 다른 성향과 가치관을 가진 두 사람이 아무 문제 없이 잘 지내기란 사실 어렵습니다. 가족도 예외가 아니죠. 구시대적인 사고를 과하게 고집하는 아버지와의 갈등의 경우, 가장 좋은 해결책은 아버지가 변하는 것일 텐데요. 하지만 그럴 가능성은 아주 희박합니다. 이럴 때는 아버지가 어떤 성향의 사람인지를 인정하고 가급적 자주 마주치지 않는 것이 가장 좋은 방법일 수 있습니다.

다소 냉정하게 이야기하자면, 가족이라고 반드시 얼굴을 맞대고 자주 보고 지낼 필요는 없습니다. 가족 구성원으로부터 받는 스트레스를 스스로 견딜 힘이 생길 때까지는 거리를 두는 것도 좋습니다. 또한 가족과 장시간 함께 지내는 것은 오히려 관계를 악화시킬 수 있다는 것을 기억하길 바랍니다. 자주 얼굴은 보고 지내되, 그 시간은 한두 시간으로 짧게 두는 방법을 취해보세요. 대신 그로부터 오는 죄책감은 스스로 감당해야겠죠.

양재웅 누군가 나에게 상처를 주고 있다는 것은 그 사람의 말과 행동이 나에게 큰 영향력을 미치고 있다는 것이고, 바꿔 말하면 그만큼 상대의 언행으로부터 내가 독립적이지 않다는 것을 의미합니다. 정서적으로 적당한 거리가 유지되지 않은 것이라 할 수 있죠. '개인으로서의 나'가 더욱 명확해지면 아버지도 하나의 개체로 볼 수 있는 시각을 가질 수 있습니다. 그러면 굳이 아버지와 잘 지내야 한다는 압박에서 벗어나, 의무감이나 죄책감도 내려놓을 수 있을 테고요.

아버지의 경제적 지원을 받고 있다면 그로부터 독립하는 것이 자신을 좀 더 단단하게 만들기 위한 방법입니다. 아버지의 지원을 받는 것은 자신의 인생에 아버지가 상당히 큰 지분을 갖고 있는 것을 뜻합니다. 즉 아버지의 집에서 살고 있는 한, 아버지는 나에게 '이래라저래라' 할 권리가 있습니다. 야속한 말이지만, 부모 자녀 사이에도 공짜는 없기 때문이죠.

아이러니하게도, '공짜가 없다'는 것을 받아들여야 비로소 나는 아버지로부터 상처를 받지 않을 수 있습니다. 우선 나를 단단하게 독립시킨 후, 아버지를 좀 더 객관적으로 볼 수 있는 힘을 키워야 합니다.

<u>양재진</u>　아버지와 잘 지내려는 부담에서 벗어나 있는 그대로의 아버지를 받아들일 준비가 된 순간, 그토록 싫어하던 아버지가 그냥 늙고 힘없는 불쌍한 남자로 보일 것입니다.

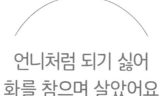

# 언니처럼 되기 싫어
# 화를 참으며 살았어요

가족과 다툼이 잦고 제멋대로인 언니를 부모님은 점점 내려놓으셨어요.
그러면서 저와 부모님 사이에 언쟁이 생길 때면
언니와 비슷해져간다거나 언니처럼 될 거냐고 말씀하셨죠.
가족의 평화를 위해 화를 참으며 살아왔는데,
점점 마음이 비뚤어지는 것을 느낍니다.

양재진  가족 구성원 중에 공공의 적이라고 할 만한 존재가 있으면, 어릴 적부터 그 모습을 보고 자라며 저렇게 되지 말아야겠다는 생각을 하게 됩니다. 심지어 가족 구성원 중 누군가가 그 사람을 지칭하며 닮아간다고 지적할 때는 경각심을 넘어 공포로 느껴지기까지 하고요. 비슷해지지 않기 위해 스스로 조심하고 주의하며 살아가는 사람의 입장에서는 그런 부정적인 피드백이 힘들 수밖에 없습니다.

양재웅 이 경우 가정에서 제대로 된 감정 표현을 못 하는 것에 더해, 밖에서도 사회적 관계를 유지하고자 스스로를 그저 억누르고 살아갈 가능성이 큽니다. 그러다 보니 눌리고 눌리다가, 사람들이 싫어지고 미워지고, 결국에는 모두로부터 회피해서 혼자 있고 싶어지고요.

양재진 사람은 부모님과의 관계를 통해 대인관계를 맺는 법을 처음 배워나가기 시작합니다. 어린 시절부터 가족 구성원과의 비교를 통해 스스로 감정을 억누르며 살았을 경우, 이후 학교에서나 사회에서의 대인관계 속에서도 자신의 감정을 잘 표현하지 못하는 경우가 많습니다.

화라는 감정 또한 필요에 따라서 상대에게 전해줘야 하는 감정입니다. 화가 났다고 말로 표현하는 것과 화를 내는 것은 분명히 다릅니다. 지금까지 화를 감추고 살아왔다면 이제부터라도 화라는 감정을 감정적이 아니라 이성적으로 전달하는 연습을 해야 합니다.

나를 구성하는 요소가 100이라고 했을 때, 내가 싫어하는 사람과 나 사이에 닮은 점은 그리 큰 비율을 차지하지 않을 가능성이 큽니다. 만약 그런 요소가 있다 하더라도 내가 가진 여러 가지 모습 중에 하나일 뿐이고요. 이때는 나에게서 바꿔나가야 할 모습 중의 하나라고 과감하게 인정하는 것이 좋습니다.

양재웅   문제시되는 가족 구성원은 실제로 제멋대로인 사람일 수도 있습니다. 하지만 그것은 어디까지나 가족의 입장이라는 것도 생각해봐야 합니다. 자신도 모르게 가족의 가치관을 내재화하면서 똑같이 나쁜, 혹은 부정적인 존재로 바라봐왔을 수도 있습니다. 개인의 기준으로 보면 당사자는 사실 누구보다 본인을 최우선으로 생각하며 살고 있고, 스스로의 행복을 위해 기꺼이 가족이 바라는 것을 외면하고 그 갈등을 감당하는 삶을 선택한 것일 수도 있습니다.

가족으로부터 자신을 분리해서 바라봐야 합니다. 그동안 가족이 바라는 것에 초점이 맞춰져 맹목적인 시선으로 바라본 것은 아닌지, 스스로 가족의 요구에 순응하며 자신이 바라는 것에 대해서 철저하게 외면하고 살아온 것은 아닌지 생각해봐야 합니다. 만약 이 과정에서 마음에 불편함을 느꼈다면 그런 자기 자신에 대해서 문제의식을 갖기 시작한 것이라 할 수 있습니다. 지금이라도 스스로의 마음을 깨달았다는 것, 그 자체로 다행입니다.

미국의 정신분석학자 에릭슨(Erik Homburger Erikson)은 청소년기에 정체성을 찾아가기 위해서는 두 가지의 과업을 수행해야 한다고 주장합니다. 하나는 소속감의 발달, 다른 하나는 외부에 대한 탐색입니다. 이 둘은 어느 한쪽으로도 치우쳐져서는 안 됩니다.

그동안 가족에 대한 소속감에만 집중하면서 자신의 정체성을 가족과 동일시하지는 않았는지 스스로를 되돌아볼 필요가 있습니다. 만약 그렇다면 지금부터는 본인의 에너지를 외부로 돌려서 다른 사람들과 세상에 대해 탐색하면서, 동시에 자신이 진정으로 원하는 것은 무엇인지에 집중하길 바랍니다. 그리고 본인만의 새로운 시선으로 가족을 다시 한번 바라봤으면 합니다. 각자의 입장에서 서로 다른 것을 바라고 있다는 사실에 주목하고, 그 안에서 내가 해줄 수 있는 것과 할 수 있는 것, 하고 싶은 것의 균형을 찾아가길 바랍니다.

양재진   한 사람의 희생으로 이뤄진 가족의 평화는 진정한 평화가 아닙니다. 만약 성인이라면 가족으로부터 적당한 거리를 두는 것도 필요합니다. 너무 부담 갖거나 자책하지 말고, 지금까지 내가 해온 노력을 스스로 칭찬해주세요.

# 저를 가스라이팅 하는
# 엄마 때문에 죽고 싶어요

10여 년 넘게 사랑이라는 명목하에
엄마께 가스라이팅을 당해왔습니다.
마음대로 되지 않으면 용서를 구할 때까지 경제적인 지원도 끊어버립니다.
지금은 벗어나려 노력하고 있지만 이미 저는 의존적이며
자존감이 낮은 사람으로 성장했고, 끊임없이 극단적인 생각을 합니다.

양재웅　가스라이팅이란 다른 사람의 심리나 상황을 교묘하게 조작해 스스로를 의심하게 하고 자기 확신을 잃게 만드는 것을 말합니다. 결국 현실 감각을 상실시키고 판단력을 잃게 함으로써 상대에 대한 지배력을 강화하는 것이죠.

이는 연극 〈가스등(Gas Light)〉에서 유래한 용어입니다. 남편은 아내가 이모로부터 받은 유산을 빼앗기 위해, 아내가 스스로를 비정상적인 존재로 여기게끔 세뇌시킵니다. 남편은 이모의 보석을 찾아 다락방을 뒤질 때마다 집안 가스등의 조도를 조금씩 낮추는데요. 주위의 그 누구도 이를 믿어주지 않고, 아내는 점점 자신이 미쳐가고 있다고 믿기 시작합니다. 결국에는 이를 수사하던 형사가 아내의 말이 사실이라는 것에 동조해주면서 아내는 다시 스스로에 대한 확신을 찾습니다.

자녀를 의도대로 조종하려는 욕구가 굉장히 강하고 그로부터 자녀가 고스란히 조종을 받아왔을 경우 가스라이팅을 당했다고 할 수 있습니다. 주변 사람들과의 원활한 소통을 막고, 궁극적으로 자신을 고립시키는 사람과는 그 주체가 부모님이라고 해도 결코 건강한 관계를 맺을 수 없죠.

그러나 가스라이팅을 당한 것과는 별개로, 무조건적인 사랑과 지원을 주지 않는 부모님을 손가락질할 수는 없습니다. 따뜻한 말로 조건 없는 응원과 지지를 보내주는 부모님이라면 좋겠지만, 부모님도 부모이기 이전에 한 사람이기에 개인의 가치관에 따라 다를 수밖에 없습니다.

그런 만큼 경제적인 지원을 하는 이상 자녀의 인생에 지분을 요구할 수도 있는 것이고요. 이 부분은 어느 정도 인정이 필요합니다. 그러므로 부모님의 가스라이팅으로부터 벗어나기 위한 노력에는 현실적인 독립도 분명 필요합니다. 자신이 부모님에게 기대하는 모습과 현실 사이의 간극이 결국 분노로 이어지고 있는 것은 아닌지 고민해봐야 합니다.

양재진   앞서 이야기했듯이 부모님과 자녀 사이의 신체적·정신적·경제적 독립 중 가장 중요한 것은 경제적 독립입니다. 경제적 독립이 돼야만 비로소 정신적 독립도 이뤄집니다. 부모님이 경제적 지원을 끊었을 때 용서를 구하는 행위를 반복한다면 자신을 조종할 수 있는 조건과 상황은 이미 명확하게 밝혀진 것입니다. 상대를 조종하려는 성향이 강한 사람이라면 당연히 이를 활용할 테고요.

만약 그런 성향을 가진 부모님에게 계속 경제적 지원을 받고자 한다면 결국 같은 상황이 반복될 것입니다. 정말 부모님으로부터 벗어나고자 한다면 먼저 경제적으로 독립해야 합니다. 부모님과 나를 분리해서, 한 개체로서 독립하려는 노력을 기울여야 합니다. 자녀라고 해서 부모님이 바라는 바 모두를 반드시 따를 필요는 없습니다.

양재웅  누군가 나의 인생을 함부로 속단하거나 헤집어놓을 수 없게 하려면 그들의 사랑과 안락함 또한 어느 정도 포기해야 합니다. 그리고 그들과 거리를 둠으로써 갖게 되는 불안감과 죄책감을 견뎌내야 합니다.

한편으로는 자신에 대한 분노가 부모님에게 투사되고 있지 않은지도 스스로 살펴볼 필요가 있습니다. 부모님으로부터 벗어나고 싶으면서도 곁을 떠나지 못한다면, 인정받고 싶어 하는 욕구가 있는 것으로도 해석할 수 있습니다. 그리고 어쩌면 부모님뿐만 아니라 나에게도 사람이나 상황을 조종하려는 성향이 있어서, 그 부분이 부딪히는 것일 수도 있습니다.

양재진  부모님이 만들어놓은 세계가 세상의 전부는 아닙니다. 그 세계 안에서 괴로워하며 극단적인 선택을 떠올리지 마세요. 부모님과 함께하는 삶 아니면 죽음, 두 가지 선택만 있는 것이 아닙니다. 부모님으로부터 건강하게 벗어나서 자신의 삶을 찾는 방법은 얼마든지 있습니다. 그 틀에서 벗어나세요. 지금까지 살아온 세계 너머를 보세요.

만약 혼자만의 힘으로 역부족이라면 반드시 전문가의 도움을 받길 바랍니다. 상대가 나에게 전해주는 메시지에서 한 발짝 물러나서 둘 사이의 관계를 계속해서 객관적으로 점검하는 자세가 필요합니다.

# 엄마가 돌아가신 후 슬픔에서 헤어나지 못하고 있어요

엄마가 오랜 암 투병 끝에 최근 돌아가셨습니다.
예상하지 못했던 상황도 아닌데, 엄마의 부재에 대한 공포가 줄어들지 않습니다.
세상에 언니와 저, 둘만 남은 것 같습니다.
일상생활은 잘하고 있지만 집에 오면 엄마에 대한 죄책감과
죽음에 대한 생각에서 빠져나올 수 없습니다.

양재웅   영화 〈어벤져스: 앤드게임(Avengers: Endgame)〉을 보면, 캡틴 아메리카가 사람들과 둘러앉아 사라져버린 사람들에 대해 이야기하는 장면이 나옵니다. 이는 굉장히 중요한 애도 의식 혹은 애도와 관련된 치료입니다.

사실 애도 반응은 우울증 증상과 상당히 비슷한데요. 보통 2~6개월 정도 지속되고, 만약 이 기간을 넘어서면 치료가 필요한 상

황이라고 판단합니다. 그리고 최근에는 필요에 따라 6개월 이전에도 우울증에 준하는 치료를 권하고 있습니다. 혼자의 힘으로 극복하기 힘들다면 전문가의 도움을 받는 것이 좋으니까요.

사람은 상실 앞에 부정, 분노, 협상, 우울, 수용의 다섯 가지 반응을 합니다. 이는 순차적으로 일어나지 않고, 다시 역행하거나 반복되기도 하는데요. 이때 상실한 대상을 아는 주변 사람들과 기억을 공유하고 이야기를 나누는 것이 무엇보다 중요합니다.

양재진  하지만 대부분의 사람들은 가족 구성원 중 한 사람을 떠나보냈을 때 이를 이야기하기 꺼려합니다. 각자의 공간에서 혼자 죽음을 이겨내려는 노력을 하죠. 하지만 혼자서는 이겨낼 수 없는 부분들이 존재하고, 남은 가족 구성원들 간에는 오해나 갈등이 생길 가능성이 커집니다. 함께 모여서 살아생전 함께 나눴던 추억들을 공유할 때 그 죽음은 조금씩 받아들여집니다.

소설 〈살아남은 자의 슬픔〉이라는 제목처럼 함께 생활하던 누군가를 잃었을 때 대부분의 사람들은 슬픔과 함께 죄책감을 느낍니다. 좀 더 잘 보살폈더라면, 건강에 신경을 써줬더라면, 그때 잘못하지 않았더라면과 같은 죄책감이 끊임없이 밀려옵니다. 이는 정상적인 애도 반응 중의 하나이고, 우울증의 증상이기도 합니다.

이때 스스로를 고립시키는 것은 더 큰 죄책감을 불러올 뿐입니다. 남은 가족 구성원과 함께 이야기하면서 자신의 탓이 아니라는 것, 최선을 다했다는 것을 정서적으로 지지받는 과정이 반드시 필요합니다. 만약 가족 구성원 간에 이야기하기가 힘들다거나, 홀로 남겨졌을 때는 처음 보는 사이라도 전문가와 이야기를 나눔으로써 스스로를 환기시키고 죽음을 받아들이려 노력해야 합니다.

양재웅 　자녀를 잃은 부부가 종종 이혼이라는 선택을 하는 이유도 상실한 대상을 마음속에서 잘 떠나보내지 못했기 때문입니다. 아이를 잃고 상상하지 못할 스트레스를 겪다 보니, 상처가 될까 봐 서로 이야기하기를 주저하는 것이죠. 그렇게 회복되지 못한 상처 위에 서로에 대한 오해와 원망이 쌓이면서 결국 서로를 마주하는 일 자체가 괴로워지는 것입니다.

죽음은 개인이 막을 수 있는 일이 아닙니다. 삶의 한 부분이고, 누구도 피할 수 없습니다. 소중한 사람을 상실한 이상 죄책감이

드는 것은 막을 수 없습니다. 하지만 아무리 자책한들 돌이킬 수도 없습니다. 내 안에서 일어나는 죄책감이 자연스러운 감정이라는 것을 받아들이고, 거기에 너무 함몰되지 않아야 합니다. 이 시간을 잘 견디고 나면 사람의 죽음에 대해 좀 더 단단한 마음을 가질 수 있을 것입니다.

**양재진** 외국 영화에서는 장례식 대신 파티를 여는 장면이 나오기도 합니다. 후회 없는 삶을 살았으니 슬퍼하기보다 잘 살았다는 것을 기억해달라는 의미가 담겨 있는 것이겠죠. 그렇게까지는 아니더라도 실제로 외국에서는 돌아가신 분의 사진이나 영상을 함께 보며 생전의 추억을 나누는 장례 문화가 있다고 합니다. 반면 우리는 죽음을 원통하고 안타깝게 여기는 탓에 엄숙하고 조심스럽게 다룹니다. 지금은 사라졌지만 과거에는 곡을 하던 문화도 있었죠.

**양재웅** 사람이 죽음을 이해하는 나이는 10세라고 합니다. 죽음을 부정적으로만 보지 않고, 의연하게 받아들이는 문화를 만들기 위해서는 어릴 때부터 죽음을 자연스럽게 인식하도록 하는 것이 중요합니다. 장례 문화 개선을 통해 죽음에 대한 인식을 바꿔나가는 것은 우리 세대의 몫이겠죠.

상실한 대상을 안타깝게 기려주는 마음에 더해, 행복했던 추억을 웃으며 기억해주는 것은 남겨진 사람이 앞으로 살아가기 위해 정말 중요한 과정입니다. 떠나가는 사람은 나 때문에 너무 슬프지 않길, 다시 웃으며 살아주길 누구보다 바랄 테니까요.

# 장녀라는 단어에
# 평생 저를 숨기고 살았어요

조부모님 밑에서 자라며 연년생의 남동생은 사랑을 독차지했고,
어릴 적부터 저는 관심에 목말랐습니다.
항상 누나이자 장녀라는 이름의 무게에 어깨가 짓눌려 살아왔습니다.
그러면서도 좋고 맛있는 것을 보거나 먹으면 엄마 생각이 나고,
혼자만 누리는 데 죄책감이 듭니다.

양재진   우리나라의 첫째들은 어릴 적 부모님으로부터 동생을 잘
돌봐야 한다는 사명감을 부여받는 경우가 많습니다. 맏이가 잘해
야 다른 형제들이 보고 잘 따라온다는 압박을 받기도 하고요. 장
녀나 장남이라는 이유만으로 다른 형제자매에 비해 어릴 적부터
큰 책임감을 갖고 사는 경우가 많습니다.

이 경우 장남은 집안에 대한 책임감을 견디는 대신 대부분 꽤 많

은 보상을 받고 자랍니다. 그에 비해 장녀는 부여받은 의무에 비해 권리는 얻지 못했죠. 지금은 좀 나아졌지만, 남아 선호 사상 탓에 아들은 집안 밑천이라고 하며 교육에 관해서도 더 많은 지원을 받았지만, 딸은 생활 전선에 뛰어드는 경우가 많았습니다. 모두 최근 'K-장녀'라는 신조어를 만들어낸 배경인 것이죠.

겉으로 봤을 때는 정상적이고 평화로워 보이지만, 그 안을 파고 들어가면 누군가 한 사람이 끊임없이 희생하는 가정들이 있습니다. 그리고 그 역할은 대부분 어머니나 장녀의 몫입니다. 문제는 참고 견디다 폭발하기 전까지 자신이 희생양인 것을 모르고 사는 사람이 많다는 것입니다. 가족들조차도 그 역할을 하는 것을 당연하게 생각하고요.

여기에 더해 성장 과정에서 부모님이 아닌 조부모님의 양육을 받은 경우 남동생을 더 편애하는 환경에서 자랐을 가능성이 큽니다. 쓸모 있는 사람이 되기 위해 열심히 살았지만, 그만큼의 긍정적인 피드백은 받지 못했겠죠. 허탈감과 상대적 박탈감을 느꼈을 것이 당연합니다.

양재웅 실제로 정신건강의학과에 찾아오는 여성들 중에는 장녀의 비율이 상대적으로 높습니다. 그들 중에는 쓸모 있는 사람이 돼야 한다는 강박 때문에 오랫동안 일을 쉬지 못하고, 부탁도 거절하지 못해 결국 폭발해서 공황장애까지 겪는 경우도 있습니다. 사람의 가치가 존재 자체만으로 입증되지 못하고, 끊임없이 효용성을 인정받아야 했기 때문입니다.

특히 여성의 경우 사람의 감정을 포착하는 능력이 좋기 때문에 결국 부모님이 원하는 방향, 특히 이상화하고 동일시했던 어머니의 의사결정을 따라가는 삶을 살게 되는데요. 이 경우 결과가 좋지 않을 때 스스로 결정한 것이라고 생각하기 어려워집니다.

이런 상황에서 어머니에게 죄책감까지 느끼고 있다면 그 생각이 어디에서부터 흘러나온 것인지를 추적해봐야 합니다. 장녀로서 갖는 어머니에 대한 부채의식인지, 어머니를 사랑하는 순수한 마음인지를 스스로에게 물어봐야 합니다. 누군가에게 부적절하거나 지나친 죄책감을 느낀다면 대상에 대한 상이 왜곡돼 있을 가능성이 높습니다. 자신과 어머니를 객관적으로 살펴보려는 노력이 필요합니다.

대부분의 부모님들은 맏이가 동생을 잘 돌봤을 때 칭찬을 해줍니다. 아이는 칭찬을 더 듣기 위해 동생을 더 열심히 돌보기 시작하죠. 그리고 이런 상황이 반복되다가 어느 순간 아이는 부모님을 걱정하는 수준까지 다다릅니다. 특히 장녀의 경우 어머니의 입장을 헤아리고 생각해주는데요.

문제는 이때 어머니가 아이의 마음을 고맙게 여기고 오히려 아이에게 의존하는 경향이 있다는 것입니다. 아이가 아이 같지 않게 그런 무게감을 지고 있다면 아직 아이라는 것, 부모님의 보살핌이 필요한 존재라는 메시지를 꼭 전해줘야 합니다.

양재진　이런 과정 없이 어머니와의 감정적인 애착이 지속적으로 유지된 채 성인이 되고 자신의 가정을 꾸리면, 계속해서 희생하고 도움이 되려고 노력합니다. 하지만 아무리 대가 없는 희생이라고 해도 사람이라면 으레 기대 심리가 생기기 마련입니다. 이때 적절한 보상이 주어지지 않으면 배신감과 원망은 더욱 증폭되죠. 부모님과 자녀 사이에도 적정 거리가 필요합니다. 장녀의 경우 어머니와의 관계가 지나치게 좁혀져 있다면 관계를 다잡을 필요가 있습니다.

스스로 'K-장녀'라고 생각이 든다면, 내가 가족 혹은 어머니를 위해 하고 있는 일들이 그들을 위한 것인지, 나의 만족을 위한 것인지, 하지 않았을 때의 불안 때문인지를 잘 생각해보길 바랍니다. 가족 간에도 사회적 거리 두기를 지키면서 스스로 편해지는 연습을 해봤으면 합니다.

아동학대,
꽃으로도
때리지 말라

아무것도 모르는 아이가 무차별 폭행을 당하고, 채 몇 개월 살지 못한 영아가 어른의 손에 숨을 거두는 등 우리 사회에서 아동학대는 큰 문제로 떠올랐습니다. 하지만 현재의 아동학대는 엄격해진 기준 덕에 더욱 많이 드러나 보일 뿐 언제든 있어왔습니다. 과거에만 해도 교육을 위한 체벌은 당연시했고, 방임하는 것 또한 문제 삼지 않는 사회 분위기였으니까요.

오늘날에는 맞벌이 부부의 증가로 어린이집이나 유치원에 맡겨진 아이들을 대상으로 한 아동학대가 가장 큰 문제로 떠오르고 있습니다. 이 때문에 부모님들은 불안에, 대다수 선량한 교사들은 선입견이나 편견에 고통받고 있죠.

이를 해결하기 위해서는 아이를 맡길 수 있는 기관을 국가에서 주관해서 마련하고, 교사들 또한 직접 엄격히 선발해 책임감과 보상을 함께 얻을 수 있는 자격을 부여하는 등 국가 주도의 관리가 필요해 보입니다. 사회적인 위험과 경제적인 어려움으로 임신과 출산 문제를 고민하는 사람들에게 단순히 지금처럼 아동 수당을 보조하는 것은 답이 아닐 테니까요. 이와 함께 아동학대에 대한 전 사회적인 관심도 꾸준히 뒤따라야 할 것입니다.

사실 아동학대와 관련해 가장 충격적인 사실은 가해자의 80퍼센트가 친부모라는 점입니다. 영화 〈미쓰백〉에서 그리고 있는 친부모에 의한 아동학대는, 믿기 어렵겠지만 이미 실제로 일어나고 있는 일입니다. 친부모로부터 학대를 받은 아이는 분리돼 쉼터로 보내지는데요. 문제는 어릴 때 폭력에 노출된 경우 반복적인 트라우마로 여러 가지 심리적 문제를 겪게 된다는 것입니다.

학계 정식 명칭은 아니지만, 이를 흔히 복합성 외상 후 스트레스 장애라고 합니다. 뇌의 편도체가 과활성화돼 감정 기복이 굉장히 심한 모습을 보입니다. 흔히 인격이 변화한다고 표현하는데,

그만큼 작은 자극에도 무시당했다는 느낌을 받기 쉽고 순간적으로 화, 우울, 무력감 등의 급격한 감정 변화를 느낍니다. 정체성 혼란을 비롯해 자아가 건강하지 못한 모습이 경계성 인격장애처럼 보이기도 합니다. 경계성 인격장애는 자아를 비롯해 대인관계 등이 불안정하고 심한 감정 기복을 보이는 등 장기적이고 비정상적인 패턴을 보이는 인격장애입니다.

아동학대를 당한 아이는 그 순간 자아와 자신을 분리시키는 노력을 합니다. 부모님으로부터 폭력을 당하고 있는 사람이 나라는 것을 인정한 순간 세상이 무너져버리니까요. 그 결과 학대를 당하는 자신과 나를 분리하면서 해리 증상을 보입니다. 내가 내가 아닌 것 같은 이인화 증상이 나타나기도 하고요.

성인이 됐을 때는 불면증, 소화장애, 심혈관 질환, 피부병 등 신체적 증상뿐만 아니라 정신적으로도 다양한 인격 변화가 일어납니다. 부모님을 이해하고 싶은 마음과 복수하고 싶은 마음 사이에서 큰 혼란을 느끼면서 내 안에 선과 악이 끊임없이 존재하게 됩니다. 나라는 자아 자체가 분열되는 느낌을 받게 되죠.

또한 두 가지의 문제가 나타날 수 있는데, 먼저 '공격자와의 동일시'라고 해서, 나를 가해했던 부모님을 미워하고 싫어하면서도 자신도 모르게 그들을 닮아갈 수 있습니다. 본인보다 약자라고 판단되는 존재들을 똑같이 가해함으로써 자신이 결코 나약하지 않다는 것을 확인하는데요. 자기 자신을 지속적으로 피해자의 위치에 두게 될 경우 느끼는 패배의식과 스스로에 대한 혐오감으로부터 벗어나기 위한 일종의 방어기제입니다.

또 다른 한 가지는 연인관계를 포함해 다양한 인간관계를 형성할 때, 자신에게 친절한 사람들에게 안정감을 느끼지 못하고 오히려 거부감을 갖기 쉽습니다. 유아기 때 부모님과의 애착 관계가 형성되는 과정에서, 폭력적인 상황 아래 생존에 위협을 느낄 경우 폭력 혹은 비난의 표현 방식을 도리어 애정으로 잘못 인지하게 됩니다.

결과적으로 성인이 된 이후에도 자신에게 위해를 가하거나 함부로 대하는 사람들에게서 안정감을 느끼게 되고, 본인에게 해가 됨에도 불구하고 관계를 잘 끊어내지 못하는 문제로 이어질 수 있습니다. 데이트 폭력에서 종종 보이는, 학대를 당하면서도 헤어지지 못하는 연인관계에 놓인 사람들이 이에 해당한다고 할 수 있습니다.

아동학대 가해자는 알코올이나 마약 등 약물 중독일 가능성이 크고, 그들 또한 부모님으로부터 아동학대를 당한 경우가 많습니다. 직접적으로 아이에게 폭력을 행사하지 않았다 하더라도 부모님끼리 서로 폭력을 행사했을 가능성도 큽니다. 특히 아동학대 가해자의 경우 아이를 하나의 인격체가 아니라 소유물로 생각하는 경우가 많습니다. 그래서 아이가 원하는 대로 따라주지 않을 때 참지 못하고 언어적·신체적 폭력을 가합니다.

또한 주양육자가 우울증을 앓는 경우에는 감정 조절이 어렵기 때문에 충동적으로 화나 폭력을 분출하기 쉽습니다. 이후 죄책감을 느끼고 자책을 하고, 이 때문에 더 우울해지는 악순환에 빠지는 경우가 많고요. 실제로 유아를 양육하는 시기에 우울증을 앓는 경우 아이에게 폭력을 가한 것을 가장 괴로워합니다. 벌어진 현상은 아동학대지만 그 안에는 우울증이라는 증상이 발현됐기 때문이죠.

또한 우울증 외에 정서적인 무력감을 느끼는 경우도 많습니다. 이 경우 자신이 영향력을 행사할 수 있는 대상 자체가 별로 없기 때문에 약하고, 나에게 위해를 가하지 못하는 아동에게 폭력을 행사하는 것입니다.

이는 우리 사회가 산후우울증에 큰 경각심을 가져야 하는 이유이기도 합니다. 흔히 동반 자살이라고 표현하는 상황은 사실 살해 후 자살을 의미합니다. 아이의 의지와 상관없이 아이는 살해를 당한 것이니까요. 평소 아무리 모범적이고 성숙한 사람이었다 하더라도 이처럼 끔찍한 범죄를 저지를 수 있고, 또 실제로 일어나고 있다는 점에서 굉장히 위험하고 무서운 병입니다.

산후우울증의 유병률은 10~15퍼센트 정도로, 우리나라 의료 시스템상 산부인과에서 건강보험으로 우울증을 진단하고 치료할 수 있는 기간은 한 달 정도에 불과합니다. 하지만 우울증 치료를 위해 사용해야 하는 항우울제는 3~4주가 지나야 효과를 보이고 최소 6개월은 복용해야 재발률을 낮출 수 있습니다. 때문에 정신건강의학과에서 치료받는 것을 권고하는 것이고요. 하지만 대부분 편견과 거부감 때문에 치료를 미루다 병을 악화시키는 경우가 상당히 많습니다. 빠르고 꾸준한 치료만 한다면 산후우울증은 충분히 나을 수 있는 병입니다.

한편 원하지 않는 임신으로 출산했을 경우 아동학대가 적지 않게 발생합니다. 임신과 출산이 어려운 사회적·경제적 상황에서 아이를 가졌을 경우 현재 발생하는 모든 어려움의 원인을 아이

탓으로 돌리는 것입니다.

그렇다면 아동학대 피해자들은 성인이 되면 폭력을 되물림하며 똑같은 가해자가 될까요? 무력감 속에서 세상을 잘 살아가지 못할까요? 1954년 하와이 카우아이라는 섬에서는 그해 태어난 800여 명의 아이들을 대상으로 이후 30년간 추적 관찰 연구를 진행합니다. 사람을 둘러싼 조건이나 환경이 개인의 성장에 어떤 영향을 미치는지를 알아보는 대규모 연구였습니다. 이때 800여 명 중 200여 명은 아동학대 피해자였고, 연구자들은 이들이 성인이 돼 비뚤어지고 제대로 된 삶을 살지 못할 것이라고 예견했습니다.

하지만 연구 결과 200여 명 중의 30퍼센트의 아이들은 평범한 가정에서 자란 600여 명의 아이들보다 훨씬 더 높은 사회적인 지위와 성숙한 인성을 갖춘 성인으로 성장합니다. 회복 탄력성이라는 말은 이때 처음 등장했는데요. 인간은 다양한 역경과 시련 속에서도 그 실패를 발판 삼아 더 높이 도약하려는 마음의 근력을 갖고 있다는 의미입니다.

이처럼 회복 탄력성을 갖춘 아이들에게는 두 가지 공통점이 있었습니다. 부모님과의 정서적인 거리를 유지하며 자신을 분리해서 생각했고, 새로운 롤 모델을 찾아 그들이 살아가는 방식을 답습하며 살았다고 합니다. 또한 끊임없이 사물과 상황을 이성적으로 바라보기 위해 노력했고 규칙적인 운동도 했고요. 결국 계획과 목표를 매일 실행하는 과정에서 전두엽이 강화된 결과 편도체의 과활성화를 막을 수 있었던 것이죠.

아이들은 학대를 당할 때, 부모님의 싸움을 볼 때 자신의 탓이 아닌지를 가장 먼저 생각한다고 합니다. 꽃으로도 때리지 말라는 말처럼, 순간의 감정에 의해 돌이킬 수 없는 잘못을 저지르지 않아야 합니다.

주위에서 또한 많은 관심을 갖고 다른 가정의 아이들도 지켜보려는 노력이 필요합니다. 아동학대에서 가장 중요한 것은 주변 어른들의 관심입니다. 아이와 가깝게 지내며 세심하게 보지 않는 이상 아동학대의 신체적·정신적 흔적을 발견하기는 어렵습니다. 작은 관심이 한 아이의 생명을 살릴 수 있고, 제대로 된 어른으로 성장시킬 수 있습니다.

# Chapter 2

## 친구

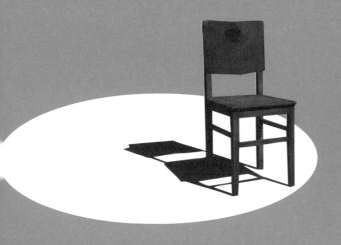

현명한 선택,
손절 혹은 배려

마음이 너무 괴로우면
하루 종일 좋지 않은 생각에서 헤어나기 어렵습니다.
하지만 그럴 때일수록 힘들더라도, 객관적인 시선으로 바라봐야 합니다.
자신이 처해 있는 상황은 보다 큰 차원에서,
스스로의 마음은 더욱 가깝게 들여다보세요.


　　　문제의 원인을 나에게만 돌리며 스스로를 탓하지 마세요.
　　　가장 중요한 것은 나의 마음 상태를 내가 알아주는 것입니다.

# 청소년 때 당한 학교폭력,
# 어른이 돼서도 너무 힘들어요

중학생 때 당한 2년간의 학교폭력 때문에 대학생이 된 지금까지 힘듭니다.
가끔 생각하면 아직도 눈물이 나고 가슴도 답답해집니다.
대외 활동을 하며 많은 사람들을 만나면서도
무의식적으로 방어막을 치게 되고,
새로운 관계를 맺는 두려움도 너무 큽니다.

양재웅 　어린 시절 뇌가 성장하는 과정에서 겪는 트라우마는 성격을 형성하는 데 치명적인 영향을 미칩니다. 소심하고 위축돼 있다거나 대인관계에서도 더욱 회피적이 되는 것이죠. 영국 킹스칼리지 런던대학 연구팀의 연구 결과에 따르면 어린 시절 왕따를 당한 후유증은 40년이 지나서까지 뇌에 영향을 미친다고 합니다. 한 사람의 인생을 좌지우지한다고 해도 과언이 아니죠. 그런 만큼 치료도 결코 간단하지 않습니다.

양재진  학창 시절에 학교폭력을 당한 사람은 많은 경우 외상 후 스트레스 장애와 유사한 증상을 경험합니다. 치료가 힘든 이유도 극복해야 할 대상이 현재 내 삶에 존재하지 않기 때문인데요. 과거의 경험이나 대상이 내 머릿속에서 끊임없이 커져만 가는 것입니다. 실체 없는 적과 싸우는 것과도 같죠.

과거의 나로 돌아가서 자신을 괴롭히거나 따돌리던 상대와 끊임없이 무엇이든 해보려는 시도를 하는데, 시도만으로도 굉장히 무섭고 불안할 수밖에 없습니다. 그런 노력을 이미 혼자 여러 차례 해온 사람에게 추가적인 조언이나 방법을 제시하는 것은 쉽지 않습니다. 따라오는 입장에서도 버거울 테고요.

그런 만큼 학교폭력의 트라우마를 가진 사람들 중 대부분은 학교폭력을 경험한 시점에서 한참 지난 후 성인이 돼서야 정신건강의학과를 찾아옵니다. 사회에 발을 내딛고 나아가려는 의욕과 반대로 과거의 트라우마가 발목을 붙잡고 놓지 않는 것이죠. 결국 우울증이나 불안장애를 겪다가 찾아오는 경우가 대부분입니다.

학교폭력을 주도했던 가해자뿐만 아니라 이를 방관했던 주변 사람들에 대한 분노나 좌절 또한 큰데요. 결국 사회에서 나를 바라보는 대다수의 시선도 이와 같을 것이라 생각하는 것이죠.

<u>양재웅</u>　학교폭력은 어린 시절에 겪는 트라우마라는 점에서 아동학대와도 같습니다. 학교폭력 피해자들의 근본적인 마음 상태는 무력감이라고 할 수 있습니다. 가해자에 대한 분노보다 그 당시 아무 대응도 하지 못했던 스스로에 대한 자괴감이 더욱 큰 것이죠.

결국 자기혐오로 빠지는 것이고요. 이 경우 성인이 돼서도 깊이 있는 인간관계를 맺지 못합니다. 새로 관계를 맺는 사람들에게는 충분히 방어막을 칠 수 있음에도 불구하고, 자신이 다시 폭력의 대상이나 약자가 되지 않을까 하는 두려움 때문에 관계 형성 자체를 힘들어합니다. 혹은 반대로 앞서 이야기한 '공격자와의 동일시'가 발현되면서, 본인보다 약한 존재들에게 위협감을 주거나 똑같이 폭력을 행사하면서, 자신이 나약하지 않다는 것을 증명하고자 합니다.

어린아이의 나와 지금의 나는 다른 사람인데도, 성인의 몸 안에 아직 아이가 있는 것입니다. 아무리 어른스럽게 행동하고 사회적으로 성공했다 하더라도 이 아이는 계속 상처받은 상태로 있는 것이죠. 결국 더 큰 사람으로의 성장도 저해될 수밖에 없고요.

그러므로 치료의 시작은 내 안의 아이를 꺼내 보이는 것이라고 할 수 있습니다. 어린아이의 나를 더 이상 피하지 말고 정면으로 마주 보고, 지금의 나는 상처받지 않을 만큼 단단해진 성인이라는 것을 스스로 확인해야 합니다. 아마 혼자서는 버거운 시도일 수 있습니다.

이를 위해서는 무의식적으로 방어막을 치게 된 관계가 아닌, 내 안의 아이를 꺼내 보였을 때 이를 무시하지 않을 대상과의 새로운 교류를 만드는 것이 중요합니다. 그리고 나를 내보이는 것이 괜찮다는 것을 확인한 후에는, 나에게 스스로를 지킬 힘이 있다는 것을 확인하는 과정까지 나아가야 합니다. 이후부터는 새로운 대인관계에서도 더욱 자신감이 생기고, 궁극적으로 자기 스스로를 혐오하는 것으로부터 벗어날 수 있을 것입니다.

양재진  학교폭력의 트라우마에서 벗어난 사례는 분명 있습니다. 사회적인 위치나 경험이 달라지면서 학교폭력의 가해자와 피해자라는 관계를 깨뜨릴 수 있었던 것인데요. 이를 위해서는 다른 사람과 동등한 관계를 이어나가면서 직접 깨닫는 것이 중요합니다.

타인이 나에게 피해를 입히는 존재만은 아니라는 것, 내가 무리 속의 타깃이 되는 양 같은 약자가 아니라는 것을 다양한 대인관계 속에서 계속해서 경험해야 합니다. 그 끝에서는 사람들을 열린 마음으로 대하는 성숙한 자신을 발견할 수 있을 것입니다. 학교폭력의 트라우마로 고통받고 있다면 지금부터라도 전문가의 도움을 받아 함께 극복하려는 노력을 시작했으면 합니다.

# 친구가 제 외모부터 행동까지
# 모든 것을 따라 합니다

친구가 처음 제 옷을 따라 입었을 때까지만 해도
유행하는 옷이 비슷하니 겹쳤다고 생각했습니다.
하지만 시간이 흐르며 헤어 스타일, 피어싱 등의 외모뿐만 아니라
말투나 행동, 심지어 소개팅까지 따라 하는 것을 보니 너무 무섭습니다.
저를 따라 하는 친구, 무슨 심리일까요?

양재진  비슷한 이야기를 소재로 한 영화나 드라마가 많을 정도로,
누구나 한 번쯤 나를 따라 하는 사람을 겪어보거나 다른 사람을
따라 해본 경험이 있을 것입니다. 웹툰·드라마 〈치즈인더트랩〉에
서 홍설을 따라 하는 친구 손민수가 전형적이죠.

영화 〈위험한 독신녀(Single White Female)〉도 이를 소재로 하고 있
는 작품입니다. 주인공 헤디는 룸메이트 앨리를 사고로 잃은 쌍

둥이 동생과 동일시하며 그녀의 옷과 구두, 헤어 스타일 등 모든 것을 따라 합니다. 심지어 앨리를 뺏기지 않기 위해 앨리의 남자 친구도 살해하죠. 성장 과정상에 경계성 인격 성향을 갖췄고, 결국 장애로까지 이어진 것이라 할 수 있습니다. 경계성 인격 성향은 누군가를 따라 하는 사람들에게서 보이는 공통적인 특징인데요. 헤디의 경우에는 상대를 소유하려고 하고 버림받을까 두려워하는 등의 유기 불안도 보입니다.

양재웅  경계성 인격 성향의 가장 큰 문제는 정체성의 혼란, 즉 정체성이 부재하는 것입니다. 정체성 혼미라고도 하는데요. 나라는 사람이 없는 것입니다. 나와 상대의 경계가 불분명하다 보니 누군가를 좋아하다 보면 하나가 되려고 합니다. 적당한 거리감을 못 느끼는 것이죠. 그래서 자신과 모든 것이 같길 희망하며, 다름을 확인하는 순간 그 차이를 견디기 힘들어합니다.

대부분의 사람들은 나를 중심에 두고 그 주변에 가족, 친구, 직장 동료를 경계를 두고 순서대로 배치하는데, 경계성 인격 성향의 사람의 경우 이 순서가 뒤죽박죽입니다. 처음 만난 사람을 잘 알지 못하는 상태에서 이상화하고 우상화하면서 '베스트 프렌드'라고 하고, 나름 오래된 인간관계도 하루아침에 평가 절하하면서

단절하죠. 그리고 나와 남의 관계에서뿐만 아니라, 스스로도 자신과 세상의 경계가 불분명하기에 살아 있음을 확인하려고 자해를 하기도 합니다.

한편 아이돌 팬덤 문화를 정체성과 연관 지으면 크게 두 가지 키워드, 우상화와 동일시로 설명할 수 있는데요. 아이돌 팬들 대부분이 사춘기 소년, 소녀인 이유도 아직 확고한 정체성이 확립되지 않았기 때문입니다. 드라마 〈겨울연가〉로 일어난 한류 열풍 또한 같은 차원에서 설명할 수 있습니다. 평생 남편과 자녀를 뒷바라지하던 여성으로서의 정체성이 무너진 상황에서 욘사마를 이상화했던 것이죠.

즉 누군가를 따라 하는 것은 나라는 사람이 완전히 갖춰지기 전, 대부분 성인이 되기 이전에 많이 일어납니다. 성인이라고 해도 정체성이 확립되지 않았다면 그런 행동을 보일 수 있고요. 내가 누구인지, 무엇이 좋은지에 대한 정체성이 확립되지 않은 상태에서 예쁘고 좋아 보이는 상대를 동일시하려는 욕구가 따라 하는 행동으로 나타나는 것이죠.

누군가 나를 따라 한다면 그만큼 이상화 혹은 우상화하는 것이

므로, 내가 누군가에게 영향을 줄 수 있는 사람이라는 긍정적인
의미이기도 합니다. 좋아하는 마음이나 같아지고 싶은 욕구가 표
출된 것이죠. 다만 그런 마음이 절제되지 못하면 주변 사람들과
의 관계에 대한 질투로까지 이어질 수 있으므로, 상대가 정체성
을 찾고 스스로 설 수 있도록 도움을 줄 필요는 있습니다.

# 제 뒷담화를 들은 후
# 모든 것이 변했어요

같이 어울리던 친구들과 싸웠습니다.
결국 화해하지 못하고 따로 다니던 중,
친구들이 제 험담을 하는 것을 들었습니다.
그 이후 매일 울다 잠이 들고 학교에 가도 표정 관리가 되지 않습니다.
자존감이 낮아진 것 같아요.

양재진    청소년기에 가장 중요한 세상은 또래 집단 내의 세상입니다. 사춘기를 경험한 이후의 아이들에게는 부모님이 갖고 있던 영향력의 자리를 친구들이 대신합니다. 이는 사람의 성장 과정에서 당연히 일어나는 자연스러운 변화입니다. 이런 상황에서 친구들로부터 험담을 듣는다면 힘든 것이 당연합니다.

양재웅    이 경우 같이 어울리던 친구를 낙오시킨 당사자의 마음도

편하지만은 않을 것입니다. 물론 죄책감이 없는 사람도 있을 수 있죠. 하지만 대다수는 잔인한 행동에 대해 마음속에 불편함을 가질 것입니다. 다만 청소년기에는 자신들의 행동이 어떤 의미를 갖고 있는지를 돌아볼 수 있는 힘과 다시 돌이킬 수 있는 용기가 아직 미약합니다.

사람들은 누구나 자신의 행동을 어떻게든 정당화하려고 합니다. 험담 또한 죄책감을 덮고 행동을 정당화하려는 일환인 것이죠. 다만 어린 시절에는 가치 판단이 잘 이뤄지지 않기 때문에 그만큼 더 심하게 나타날 수밖에 없습니다. 그러므로 청소년기에 친구들로부터 험담을 듣더라도 내가 문제가 아니라는 점을 결코 잊지 말아야 합니다.

<u>양재진</u>　특히 험담의 내용에 절대 집중해서는 안 됩니다. 모두 나에 대한 마음속 죄책감을 덜고 스스로의 행동을 정당화하기 위해 내뱉는 가벼운 말들일 뿐입니다. 가장 중요한 것은 나의 마음 상태를 내가 알아주는 것입니다. 화해하고 잘 지내고 싶은지, 다시 어울리고 싶다면 그 이유는 무엇인지, 만약 잘 지내고 싶지 않다면 누구와 새로운 관계를 맺을 것인지를 천천히 생각해봐야 합니다.

양재웅   무리에서 도태됐다고 반드시 돌아갈 필요는 없습니다. 오히려 그 무리 속의 구성원들이 과연 곁에 뒀을 때 좋은 사람들인지를 돌아볼 수 있는 기회로 삼을 수도 있습니다. 인간관계에서는 누구나 작든 크든 분쟁을 경험합니다. 이 과정에서 충분히 잘못을 인정하고 사과를 구했음에도 험담을 하는 사람에게는 굳이 미련을 가질 필요가 없습니다. 상대에 대한 미련이 그저 거절당하고 버려지는 것이 두려운 마음에서 비롯된 것은 아닌지 스스로 되물어야 합니다.

양재진   이런 상황은 청소년기를 지나 성인이 돼 사회생활을 할 때도 마찬가지로 일어납니다. 마음이 너무 괴로울 때는 하루 종일 좋지 않은 생각만 나고, 그 안에 빠져 헤어나기 어려워지죠. 하지만 그럴 때일수록 힘들더라도, 객관적인 시선으로 바라봐야 합니다. 자신이 처해 있는 상황은 보다 큰 차원에서, 스스로의 마음은 더욱 가깝게 들여다보는 것입니다.

문제의 원인을 나에게만 돌리며 스스로를 탓하지 마세요. 지금부터라도 나와 세상을 객관적으로 바라보는 눈을 키운다면, 혹여 나중에 유사한 일을 경험하거나 목격했을 때도 현명하게 대처할 수 있을 것입니다.

# 학교폭력 이후, 괜찮은 줄 알았는데
# 전혀 괜찮지 않습니다

짧다면 짧은 한 달간의 괴롭힘과 한 달간의 후유증.
선생님은 상황을 제공하곤 방관했고, 두 달 동안 극심한 스트레스로
건망증과 탈모, 구토에 시달렸습니다.
이제는 괜찮은 줄 알았는데, 가까운 사람에게 이야기를 하다
여전히 괜찮지 않다는 것을 알아버렸습니다.

양재진    힘든 일을 겪었을 때 이를 해결하는 방법은 저마다 다릅니다. 감히 손도 댈 수 없을 만큼 너무 힘든 일을 겪으면 전혀 괜찮지 않으면서도 스스로를 괜찮다고 속이고, 이를 묻어두려는 사람들도 있죠. 나이가 어리거나 해결할 수 있는 실질적인 방법이 없는 경우는 더욱 그런 경향이 있습니다.

이때 누군가와 대화를 하는 과정에서 수면 밑에 묻어뒀던 진짜

나의 감정을 깨닫는 경우가 있습니다. 일종의 환기 효과가 일어난 것이죠. 이는 회복을 위해 반드시 거쳐야 하는 과정입니다. 괜찮다고 묻어둔 채로 그냥 시간이 흐르면 내 안에는 상처받은 아이가 그대로 존재하게 됩니다. 나의 마음 상태를 깨달았다면 이제부터는 문제를 어떻게 해결하고 상처받은 아이를 어떻게 건강하게 성장시켜갈지에 대한 해결책을 찾아야 합니다.

양재웅     어린아이가 넘어져 울 때, 보통 어른들은 "괜찮아, 별것 아니야"라고 이야기합니다. 아이가 놀라지 않게 다독여주기 위한 말이죠. 하지만 이 말에 울음을 그친 것을 본 경우 아이가 나중에 아프고 힘들다고 했을 때도 어른들은 똑같은 반응을 할 가능성이 큽니다. 일종의 잘못된 학습이 일어난 것이죠.

괜찮지 않은 것에 대해서는 괜찮지 않다고 어른으로서 충분히 공감을 해줘야 함에도, 괜찮다고 하면 괜찮아질 것이라는 잘못된 지도를 하는 것입니다. 이 경우 아이가 어디에도 마음을 둘 곳이 없어질 것은 당연합니다.

학교폭력은 심하게는 생명의 위협까지 느끼게 합니다. 그런 학교폭력 앞에서는 누구든 괜찮지 않은 것이 너무나 당연합니다. 누가 무엇이라 하든 내가 괜찮지 않으면 안 괜찮은 것입니다. 힘들다면 충분히 힘들어해도 됩니다. 이미 도움을 청했지만, 도움을 받지 못한 경우 상처와 무력감은 더욱 배가될 수밖에 없습니다. 하지만 힘들더라도 다시 용기를 내서 혼자 묻어두지 말고, 주변에 알려 도움을 청해야 합니다.

꼭 부모님이 아니더라도 주위에 좋은 어른들은 분명히 있습니다. 미성숙한 어른은 시야 밖으로 미뤄두고 이야기를 나눠줄 사람을 찾아 나서야 합니다. 분명 나를 따뜻하게 포용해줄 좋은 어른들이 있습니다. 마음에 벽을 쌓아놓은 상태로 막연히 가만히 있으면 아무도 다가올 수 없고, 나의 이야기를 건넬 기회는 영영 오지 않습니다. 그 누구도 나의 이야기를 알 수 없고 손 내밀어줄 수 없습니다.

시도하지 않으면 실패할 일도 없겠지만, 나아지지도 않습니다. 학교폭력으로 고통받고 있다면 거듭될 시행착오를 두려워하지 말고 정말 괜찮아지기 위해, 더 나은 내가 되기 위해 도움의 손길을 내미세요.

양재진  학교폭력은 결코 가벼운 문제가 아닙니다. 단순히 심심해서 재미를 위해 시작한 행동이 하나의 놀이나 유희가 되면, 결국 한 사람에게는 씻을 수 없는 굴욕감과 무력감, 생명의 위협까지 느끼게 합니다. 무심코 던진 돌멩이에 개구리는 맞아 죽습니다.

이를 주도하는 가해자들 안에는 한마디로 진화되거나 배우지 못한, 결핍되고 미성숙한 인간의 본성이 잠재해 있다고 할 수 있습니다. 나의 잘못이 아닌데도 자책을 하거나, 가해자를 향한 미움과 분노만으로 소중한 시간과 에너지를 모두 소진하지 않았으면 합니다.

양재웅    앞서 언급했듯이 이런 학교폭력 가해자 중에는 아동학대나 또 다른 학교폭력의 피해자가 많다는 것 또한 한편으로는 큰 문제입니다. 폭력을 당했던 아이가 더 약한 대상을 가해하면서 무력감으로부터 벗어나려는 것이죠. 따라서 과거 폭력의 피해자였다면 우울하거나 위축되지 않았다고 해도 타인에게 어떤 식으로든 힘을 행사하며 스스로 무력감으로부터 벗어나고자 하지는 않는지, 자신을 되돌아보고 마음을 점검하려는 노력이 필요합니다.

인간의 본능을 막아주는 역할을 하는 전두엽과 전전두엽은 20대

후반에 마지막 성장을 이룹니다. 이 말은 곧 학교폭력의 가해자와 피해자 모두 더 나은 어른으로 성장할 여지가 분명 있다는 의미입니다. 이를 위해서는 인생의 조력자로서 어른다운 어른, 좋은 롤 모델을 찾으려는 노력이 필요합니다.

학교폭력의 피해자였다고 해도 과거의 부정적인 기억으로부터 충분히 벗어날 수 있고 훌륭한 어른으로 성장할 수 있습니다. 피해자였던 나도 누군가에게 도움을 줄 수 있는 어른으로 성장할 수 있다는 것을 잊지 말고, 스스로에 대한 믿음을 키워나가야 합니다.

# 친구 앞에서 좋은 사람인 척
# 연기하는 데 질렸어요

친구들은 제게 항상 밝은 에너지가 느껴져서 좋다고 합니다.
하지만 제 속마음은 그렇지 않아요.
평생 괜찮은 척, 밝은 척만 하고 산 것 같습니다.
이제 어떤 것이 진짜 나의 모습인지도 모르겠어요.
친구에게도 제 자신에게도 미안한 생각이 계속 들어요.

양재진   인생을 살아가다 보면 긍정적인 기분이 들 때도 있지만,
부정적인 생각으로 우울한 감정이 들 때도 많죠. 세상에는 즐겁
고 기분 좋은 일만큼, 힘들고 고통스러운 일도 많습니다. 삶의 순
간순간마다 맞닥뜨린 고비들 앞에서 좌절하기도 하고, 극복한 후
에 신나고 행복한 순간을 맞이하기도 하고요.

스스로를 평생 괜찮은 척, 밝은 척만 해오고 살았다고 묘사한다

면 힘들고 어려운 일이 있을 때, 마음에 상처를 받았거나 고민이 생겼을 때 주로 혼자 해결하려고 했을 가능성이 높습니다. 공감과 위로가 필요한 순간에 이를 나누기보다는, 괜찮은 척하면서 누군가에게 불편한 감정이나 걱정이 생기지 않도록 애쓰면서 살아왔을 가능성도 큽니다.

양재웅   이런 사람의 경우 진짜 나의 모습을 보여주는 것보다 밝은 모습의 나만 보여주는 것이 상대를 위하고 배려하는 것이라고 생각합니다. 그리고 그 이면에는 내가 진짜 나의 감정을 있는 그대로 드러내면, 사람들이 나를 싫어할지도 모른다는 생각, 떠날지도 모른다는 두려움이 숨어 있을 수 있습니다. 그러니 밝은 모습을 칭찬받아도 전혀 기쁘지 않은 것이 당연하죠. 실제의 나는 밝기만 한 사람은 아니니까요.

더 나아가 꾸며냈다고 생각한 나를 좋아하는 상대의 마음도 정말 나를 향한 것이라는 확신을 갖기 어려울 것입니다. 상대뿐만 아니라 자기 자신도 속이고 있다는 생각에 미안한 마음까지 들테고요.

슬픔을 나누거나 함께 고민해본 경험이 적으면, 상대에게 그런 행동을 보여준다는 것 자체에 큰 부담감을 가질 수밖에 없습니다. 만약 고민을 나눈다고 해도 상대의 마음을 오히려 내가 더 걱정하게 되죠. 또 밝은 에너지를 가진 내가 아닌, 부정적인 나의 모습을 드러냈을 때 상대가 실망하거나 나를 다르게 바라보지 않을까 하는 두려움도 생길 것입니다.

하지만 이제부터라도 자신의 생각과 감정을 잘 돌아보고, 있는 그대로의 나를 수용하고 인정해주는 시간을 가져야 합니다. 사람은 살아가며 누구나 다른 사람으로부터 인정과 사랑을 받길 원합니다. 어린아이들만 봐도 선생님의 칭찬 한마디, 칭찬 스티커와 같은 보상에 정말 기뻐하죠. 하지만 다른 사람의 반응에만 너무 귀 기울일 경우, 기대에 부응하기 위해 부정적인 내면은 외면하고 살아가기도 합니다.

이에 누군가는 많은 재력을 보유한 모습으로, 또 누군가는 명예나 권력을 거머쥔 모습으로 나를 포장합니다. 스스로를 밝고, 긍정적이고, 에너지 넘치는 모습으로 보여주려고 하는 것 또한 마찬가지입니다. 나를 드러내기 두려운 마음에 활기찬 모습만 보여주며 부정적인 나를 숨기고 꾸며내는 것이죠. 그 마음은 충분히 이해할 수 있습니다.

하지만 계속해서 '외부의 나'에만 집중하며 살아가다 보면 '내부의 나'와의 괴리감은 더욱 커질 수밖에 없습니다. 아무리 훌륭한 사람도 단점이 있기 마련이고, 아무리 마음씨가 고와도 화가 나는 감정을 경험할 수 있습니다. 내 안의 자연스러운 감정을 계속해서 억누르지 마세요. 지나치게 '좋은 나'로 지내려 하면 관계를 맺을 때 나를 제한적으로만 개방하거나 상대를 방어적으로 대하게 됩니다. 결국 두터운 신뢰 관계를 형성하기도 어려워지죠.

양재진    기쁨은 나누면 배가 되고 슬픔은 나누면 절반이 된다고 하죠. 우리의 삶이 실제 그렇습니다. 지금까지 이를 한 번도 경험하지 못했다면 지금부터라도 친한 주변 사람들에게 어려운 고민을 드러내거나 함께 나눔으로써 새로운 정서 체험을 해보길 바랍니다.

내가 원하는 답이 오지 않더라도 실망하기보다는, 나에게 그런 기대치가 있었다는 것을 알아차리는 계기로 삼아보세요. 처음에는 어려울지 몰라도 점차 부드럽고 유연하고, 건강한 관계를 맺어나갈 수 있을 것입니다.

필요하다면 전문가와의 상담을 통해 솔직하게 자기를 개방하고 감정을 표현하는 시도를 먼저 해보세요. 그 과정에서 혹시 '밝고 괜찮은 나'가 아니라면 사랑받지 못한다는 신념을 가진 것은 아닌지, 그렇다면 왜 그런 신념이 생겨난 것인지에 대한 배경도 함께 찾아볼 수 있습니다. 이를 통해 보다 깊고 정직하게 상호작용할 수 있는 능력을 키워나가는 것입니다. 이처럼 감정을 지지받는 경험이 여러 차례 쌓이다 보면, '밝고 괜찮지 않은 나'도 세상에 당당히 내놓을 수 있을 것입니다.

<sub>양재웅</sub> '태도의 가치'라는 말이 있습니다. 내가 선택하는 태도들이 모여 나라는 사람을 결정한다는 의미입니다. 그런 만큼 우리는 긍정적인 태도를 지향할 필요가 있습니다.

하지만 자기 내면의 부정적인 정서를 외면하고 방치하기를 반복하면 마음에 병이 들 수밖에 없습니다. 부정적인 정서에 직면했을 때, 이를 타인에게 적절하게 드러내고 받아들여지는 과정을 통해 우리는 한 단계 더 성숙한 인간관계를 만들어갈 수 있습니다.

# Chapter 3

## 직장

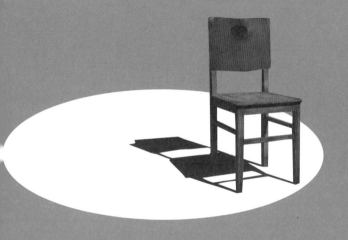

헌신하지도,
도망치지도 말 것

내가 상대의 마음을 배려한 만큼,
상대는 나의 마음을 헤아려주지 않습니다.
여기에 상처받고 서운해하며 관계를 닫아버리는 식의 대응은
이제 멈춰야 합니다.

근본적인 변화는 나로부터 시작됩니다.
내가 불편한 것들에 대해서
나를 지키기 위해 목소리를 높이는 연습을 시작하세요.
너무 급하지 않게, 주변 사람들도 나의 변화에
조금씩 적응할 수 있게 천천히 달라지세요.

# 한 회사를
# 오래 다니지 못해요

이제 30대에 접어들어 자리를 잡아야 할 나이인데,
한 회사에 오래 다니는 것이 어렵습니다.
호기심이 많고 단조로운 일을 지루해하는 성격 때문일까요?
그렇다고 무턱대고 이직할 만큼 과감하지는 않아요.
여러 회사를 거치며 같은 상황이 반복되니 무기력해지기만 합니다.

양재진  사람들은 본래 스스로 갖고 태어났다고 생각하는 점들이
나 오랫동안 지속해온 것들을 삶의 일부로 받아들이는 경향이
있습니다. 내가 여성 또는 남성으로 태어난 근본적인 이유에 대
해 계속해서 질문하는 사람들은 그리 많지 않죠. 직업이라는 것
도 누군가에게는 같은 의미입니다.

오랫동안 한 직장에 다니거나 한 가지 일을 꾸준히 하는 사람들

은 직업을 나의 기본적인 근간으로 받아들입니다. 다만 그 안에서는 변화를 꾀하죠. 직장 내에서 파트를 옮기거나, 업무를 수행할 때 전에는 해본 적 없는 다른 방식을 적용하거나 하는 방법으로요. 삶의 패턴을 깨뜨리지 않는 선에서 새로운 목표나 즐거움을 찾고 보람을 느끼는 것입니다.

양재웅　평소에 낯설고 새로운 것을 좋아하지만, 처음의 열정과 달리 꾸준히 지속하지 못하는 자유분방한 성향의 경우 정해진 규정에 얽매이는 것을 힘들어합니다. 그만큼 한 회사에 장기 근속하는 것도 어려울 수밖에 없겠죠. 이 경우 돈이나 내면의 에너지를 절약하는 것 또한 어려워할 가능성이 높습니다.

그런데 이와 동시에 위험에 예민하고 이를 회피하는 성향까지 있다면 내면에서는 갈등이 일어납니다. 한마디로 내면의 불안감이 높은 것이죠. 그러니 과감하게 이직을 하지도 못하고, 혹여 이직을 했다고 해도 무기력감을 주기적으로 또 느끼는 것입니다.

양재진　물리적인 환경이나 주변 사람을 바꾸는 것은 인생에서 상대적으로 쉬운 것들입니다. 이직이 그 예입니다. 이직을 하는 것은 주변 환경을 바꾸는 것이지 살아온 삶의 방식을 바꾸는 것은 아니니까요. 지금까지의 삶의 방식을 그대로 유지한 채 이직하는 것은 무기력증을 해결하는 근본적인 해결책이 아닙니다.

대부분의 사람들은 20대까지는 장기적인 계획 없이도 그리 불안해하거나 그 필요성을 절실히 느끼지 않습니다. 하지만 30~40대가 넘어가면서는 미래에 대한 불안감이 점차 커지죠. 현재는 내가 하고 싶은 것을 하는 것이 가장 선명하고 확실한 답인 것 같지만 그 이후를 생각하면 막막한 것입니다. 그 불안이 축적돼 무기력해질 수 있고요.

그러니 내 성향의 장단점을 인지했다면 지금부터라도 이제까지의 내 삶의 패턴에서 벗어나려는 근본적인 변화를 시도했으면 합니다. 하고 싶은 것을 하고 살면서도, 그 이후를 조금씩 기약해나가는 것이죠. 그때 우울감을 느끼는 것은 당연합니다. 누구나 삶의 패턴이 바뀌면 불안할 수밖에 없고, 우울감을 느끼기도 합니다. 그래서 시도조차 하지 못하는 사람도 있고요.

양재웅　변화를 위해서는 지금 나의 모습을 객관적으로 살펴보는 것이 무엇보다 중요합니다. 자신이 자극적인 것에 끌리는 충동적인 성향이라면, 이를 먼저 인정하는 것으로 내면의 불안감도 어느 정도 다스릴 수 있을 것입니다.

삶에 정답은 없습니다. 그리고 어떤 길을 가든, 가지 않은 길에 대한 후회는 남을 수밖에 없습니다. 확실한 것은 자신이 선택한 길에서 최선을 다해 도전한 결과 겪는 실패는 그 자체로 다음을 위해 의미가 있다는 것입니다.

할지 말지 고민되는 일이 있다면 도전해보세요. 그리고 그 선택을 최고로 만들기 위해 최선을 다해 노력하세요. 설사 실패한다고 해도 성장한 자신을 발견할 수 있을 것입니다. 스스로 결정하고 실행하고 책임지는 과정을 반복함으로써, 장기적으로는 구체적인 자아실현에도 도달할 수 있을 것입니다.

# 상사가 그만두면 더 힘들어질 텐데,
# 같이 그만둬야 할까요?

회사 일이 너무 많아 눈코 뜰 새 없이 하루를 보냅니다.
개인 업무 외에 회사에서 조직적으로 내려오는 일도 주기적으로 있어요.
이런 와중에 직속 상사도 그만둔다고 하니,
제게 그 일까지 감당할 능력이 있을지 의문입니다.
책임만 더 떠맡기 전에 빨리 그만두는 것이 나을까요?

<u>양재진</u>  책임자의 역할을 해주는 사람의 유무에 따라 직장에서 일에 느끼는 중압감은 다를 수밖에 없습니다. 경험한 적 없는 일 앞에서는 책임감에 두렵고, 앞으로의 상황이 불안하고 무섭기도 하고요. 이처럼 막막한 상황에 처했을 때는 처음 회사에 입사했을 때를 떠올려보는 것도 도움이 됩니다. 신입으로서 트레이닝 기간을 거치며 실수하고 부정적인 피드백을 받기도 했겠지만, 그런 경험을 통해 점차 능력을 갖추게 됐을 테니까요.

직속 상사가 그만둔다면 이후에 주어질 책임감과 일에 대한 중압감 때문에 지레 겁이 날 수 있습니다. 일종의 예기 불안을 느끼는 것이죠. 만약 직속 상사가 믿고 의지하던 사람이었다면 그런 마음이 더욱 클 테고요. 가능하다면 직접 상사와 속마음을 허심탄회하게 이야기해보는 것도 좋은 방법입니다. 그러다 보면 상사의 경험도 들을 수 있을 것이고, 이로부터 일에 대한 자신감도 얻을 수 있을 테고요.

양재웅　사회 초년생일 때 실수도 잦고 좋은 평가도 못 받았던 사람이 나중에 중간 관리자로 승진하고, 진급 이후에는 사람들을 관리하는 자리에서 훌륭히 업무를 수행하는 경우도 있습니다. 이렇듯 자신의 능력은 직접 경험해보지 않으면 절대 알 수 없습니다. 만약 상사의 부재로 맡게 될 업무의 양이나 강도, 혹은 자리에 대한 부담감 때문에 퇴사를 고민한다면, 힘들어도 좀 더 참고 그 일에 직접 부딪혀서 느끼고 경험해보길 바랍니다.

내가 생각한 나보다 실제의 나는 그 자리에 더 잘 어울리는 사람일 수 있습니다. 만약 버티지 못해 결국 그만두고 나오게 된다고 해도 그렇게 쌓인 커리어는 나의 것이니 다른 곳에 가서도 큰 도움이 될 것입니다.

세상에는 해보지 않으면 모르는 것들이 많습니다. 자신이 어떤 일을 재미있어 하는지, 어떤 일을 잘하는지도 마찬가지입니다. 나도 모르는 나의 역량과 강점이 위치에 따라 발현될 수 있다는 것을 기억했으면 합니다.

# 실수를 자주 지적받아서
# 스스로가 한심하게 느껴져요

직장에서 잦은 실수 때문에 계속 지적을 받다 보니
이제는 멘털도 흔들리고 제가 한없이 부족하게 느껴집니다.
하루 종일 자책만 하다 결국 우울해지고,
터놓고 이야기할 사람도 없어서 너무 힘드네요.
제가 능력이 없는 것일까요?

양재웅  직장에서 잦은 잘못으로 반복해서 꾸지람을 듣다 보면 자신감도 떨어지고 그런 스스로가 미워지기도 하죠. 그런 생각이 들 때면 의기소침한 마음은 잠시 내려놓고, 상사의 업무와 부하 직원의 업무를 객관적으로 분리해서 생각해봤으면 합니다.

상사의 입장에서 봤을 때 상사의 역할이란, 부하 직원에게 업무를 부여하고 이에 대한 피드백을 하는 것이겠죠. 이 말은 곧 업무의 결과가 훌륭하든 그렇지 않든 이에 대한 평가를 내리고 전달하는 것이 상사의 일이라는 것입니다. 받아들이는 사람에게는 지적일 수 있지만 상사의 입장에서는 반드시 해야 하는 피드백인 것이죠. 어쩌면 상사의 입장에서는 지적을 많이 할수록 상사로서는 더 많은 일을 하는 것이라고 생각할 수도 있고요.

양재진　또한 상사의 지적은 '일'에 대한 지적일 뿐, '나'에 대한 지적이 아니라는 점도 잊지 말아야 합니다. 물론 비속어 등 적절하지 않은 언행을 섞는다면 분명 잘못된 것이지만, 이런 경우가 아니라면 상사가 내리는 피드백은 나의 존재나 성격, 가치관이 아니라 순전히 작업물에 대한 것이라는 점을 반드시 구분해서 받아들였으면 합니다.

물론 상사 또한 직원의 성향이나 특성에 따라 피드백을 달리 하려는 노력이 필요하겠죠. 칭찬할수록 더 잘하는 사람이 있는가 하면, 다소 냉정할지라도 정확히 짚어줘야 더 잘하는 사람이 있으니까요. 부하 직원은 상사의 입장에서 생각하고, 상사는 부하 직원의 입장에서 생각해보려는 노력이 모두에게 필요한 것입니다.

양재웅　직장 상사의 업무 지적을 개인적인 감정이나 절대적인 기준으로 받아들이지 마세요. 그 결과물은 상사가 배워온 방식일 뿐, 정답은 아닐 수 있습니다. 하지만 현재 조직 안에서 적응하기 위해서는 반드시 숙련이 필요한 것들이기도 하죠.

나에게 돌아오는 피드백을 최대한 빨리 자신의 것으로 만들려고 노력하세요. 그런 수련은 다른 곳으로 이직하더라도 반드시 도움이 될 것입니다. 이와 동시에 정답이 없는 만큼, 더 나은 일 처리 방식은 없는지 계속해서 생각하세요. 누군가의 요구가 아닌 자발적으로 노력하는 것이 결국 나의 자존감을 올리는 길입니다.

이를 토대로 한 분야에서 오랫동안 일을 하다 보면, 누구나 어느 수준 이상의 전문가가 됩니다. 그리고 그때가 되면 나의 일을 두고 피드백을 해주는 사람들이 없어집니다. 바꿔 말하면 그때는 오롯이 본인만을 믿고 일을 진행할 수밖에 없다는 뜻입니다. 즉 모든 것의 책임이 나에게 있는 것이죠. 따라서 누군가에게 배울 수 있는 시기는 한정적이라는 것, 나를 성장시킬 수 있는 때는 바로 지금밖에 없다는 점을 명심했으면 좋겠습니다.

# 잘못하지 않았는데도 혼내는 상사,
# 어떻게 대해야 할까요?

재택근무를 하며 화장실 갈 시간도 없이 일하는데도,
상사는 메신저로 업무를 체크하며 열심히 안 한다고 지적을 합니다.
동료는 저보다 업무 속도도 훨씬 늦고 대충하는데도,
저만 못 잡아먹어 안달입니다.
이런 상사와는 어떻게 지내야 할까요?

양재진    직장인들의 이직 또는 퇴사의 가장 큰 이유가 대인관계 때문이라는 이야기가 있을 만큼, 많은 사람들이 직장 내 사람 사이의 관계에서 갈등이나 어려움을 겪습니다. 어떤 직장에나 이유 없이 나를 싫어하거나 나와 맞지 않는 사람은 있기 마련이고, 이런 공식은 꼭 직장에서가 아니더라도 사회 어디에서든지 마찬가지로 통합니다. 소위 나에게 이상한 사람은 언제 어디를 가든 항상 있죠.

양재웅    이 말은 곧 사람 사이의 관계는 개개인의 특성에 큰 영향을 받는다는 의미입니다. 직장에서는 일만 잘하면 되지 사람들과 잘 지내는 것이 왜 중요하냐고 이야기하는 사람들도 있지만, 가장 최고의 설득은 감정의 호소라는 말이 있죠. 사실 직장에서 일을 잘한다는 것 안에는 상사와의 관계를 어떻게 끌고 가는지도 중요한 부분을 차지합니다. 쉽게 말해 직장에서 상사와 좋은 관계를 맺기 위해서는 그만큼의 시간과 에너지를 쏟아야 한다는 것입니다.

좋은 성과를 내는 것만큼, 조직 내에서 어떤 영향력을 끼치고 있는지 또한 별개의 차원에서 중요합니다. 결국 상사와 좋은 관계를 유지하는 것도 직장에서 해야 할 일의 연장인 것이죠. 직장은 사람과 사람이 모이는 곳인 만큼, 목적은 일이라고 할지라도 갈등이나 관계를 풀어나가는 문제가 굉장히 중요하고, 그 능력 또한 평가에 큰 비중을 차지합니다.

양재진    언어적 메시지, 즉 말의 내용은 대화의 20퍼센트밖에 차지하지 않는다고 합니다. 그만큼 사람 사이의 소통에서는 나머지 80퍼센트를 차지하는 말투, 표정, 제스처와 같은 비언어적 메시지가 더욱 중요하다는 것이죠.

그러니 메시지로 오고 가는 대화에서는 전달 과정에서 오해가 발생할 수 있습니다. 코로나19로 재택근무가 많아진 요즘에는 더욱 일어날 수 있는 상황이죠. 화장실도 안 가면서 열심히 일을 한다고 해도 상사는 이런 노력을 모를 수 있고, 여기에 거침없고 직설적인 성향의 상사가 작은 실수라도 눈감아주지 않고 지적한다면 서운함이 더해져 차별적으로 느낄 수 있습니다.

양재웅 만약 상사의 말투가 공격적이고 직설적이라면 자신의 정서를 억압하고, 또 표현하더라도 건조하게 하는 유형의 사람이라고 볼 수 있습니다. 이런 상사의 경우 오히려 정서적으로 접근했을 때 마음의 문을 열기가 훨씬 수월하고 좋은 관계를 맺을 가능성도 높습니다. 오히려 정서적으로 친근하게 다가오는 상사의 경우 일의 성과로 평가하는 경우가 많고요. 사람들은 내가 서툴고 갖지 못한 것을 상대에게 발견했을 때 마음의 문을 더 쉽게 여니까요.

이처럼 사람들은 자신과 다른 것에 끌려합니다. 그러면서 동시에 자신이 갖고 있는 단점을 타인에게서 발견할 때 그 사람을 미워하는 마음을 갖기도 쉽죠. 일종의 투사라고 할 수 있습니다. 하지만 특별한 계기를 통해 속내를 주고받으면, 사실 자신과 비슷한 사람을 가장 잘 이해하고 정서적으로도 더욱 가깝게 느낍니다.

상사와의 관계가 고민이라면 이런 점을 떠올리면서 상사를 한번 다른 시각으로 바라보고, 속마음을 나눌 수 있는 계기를 만들어보길 바랍니다. 서운한 마음을 전달하는 것이 관계 변화의 계기가 될지도 모릅니다. 내가 먼저 마음의 문을 여는 것이니까요.

# 관계와 일에서 오는 스트레스를
# 건강하게 풀지 못합니다

평소 사람 사이의 관계를 중요시하고
다른 사람의 감정에 공감을 잘하는 편입니다.
그런 성격 탓에 스트레스에 더 취약한 것 같기도 한데요.
그렇게 쌓인 스트레스가 터지면 잠이 쏟아질 듯이 옵니다.
스트레스가 폭발하기 전에 조금씩 풀고 싶습니다.

양재진　화가 날 때 졸음이 쏟아지는 것을 경험한 적이 있다면 뇌가 스스로를 지키기 위해 일종의 안전장치를 가동한 것이라고 볼 수 있습니다. 감당하기 어려울 정도의 극심한 스트레스를 겪었으니 몸도 마음도 쉬라는 신호입니다. 그러니 이렇게까지 폭발하기 전에 자신의 마음에 조용히 귀를 기울이고, 그때그때 나에게 맞는 적절한 방법으로 평소 스트레스를 해소하는 것이 더욱 좋겠죠.

**양재웅** 관계를 중요시하는 사람들의 경우 정작 자신의 감정은 놓치고 사는 경우가 많습니다. 주변 사람들과의 유대에 중점을 두다 보니 오히려 나의 내면에는 집중하지 못하는 것이죠. 이 경우 자신의 감정을 억누르는 것이 사람 사이의 관계를 위해 좋을 것이라 생각하지만 결과는 정반대로 나타날 가능성이 큽니다. 참고 누르는 것에는 한계가 있으니까요.

때문에 평소에는 감정 조절을 잘하다가 더 이상 참을 수 없을 때 갑자기 관계를 끊어버리는 패턴을 보이는 경우가 종종 있습니다. 그 외에도 소극적으로 저항하는 수동 공격을 보이거나 폭발적으로 화를 내는 경우도 있죠. 스트레스를 잘 받는 성향임에도 그때그때 풀지 못하니 쌓고 쌓다 결국 한꺼번에 분출하는 것입니다. 결코 건강한 인간관계는 아니죠.

이 경우 일에서도 같은 패턴을 보일 가능성이 큽니다. 참다 참다 못 견뎠을 때는 그 안에서 해결책을 찾기보다 회사를 옮기는 극단적인 방법으로 해소를 하는 것입니다.

직장생활을 하다 보면 힘들어도 내색하지 못하고, 그러다 보니 주변에서는 더 과중한 업무를 부과하는 패턴을 겪는 사람들을 목격할 수 있습니다. 그게 바로 자신일 수도 있고요. 만약 이런 상황에 처했다면 이직이라는 근본적인 변화를 꾀하기 전에 먼저, 자신이 처한 상황과 마음을 주변 사람들에게 터놓고 이야기하려는 시도를 해야 합니다. 스스로가 회사에 꼭 필요한 사람이라는 자긍심을 갖고, 이성적이고 논리적인 방식으로 자신이 처한 상황을 설명하고 회사에 변화를 설득하는 것입니다.

또한 의식적으로라도 나를 계속해서 돌아보고, 돌보려는 노력을 해야 합니다. 내가 상대의 마음을 배려한 만큼, 상대는 나의 마음을 헤아려주지 않습니다. 여기에 상처받고 서운해하며 관계를 아예 닫아버리는 식의 대응은 이제 멈춰야 합니다.

그리고 만약 자신이 관계를 중시하는 만큼 독립적이거나 주체적인 면이 부족하지는 않은지, 그런 스스로의 모습이나 환경이 스트레스의 원인이 된 것은 아닌지도 천천히 생각해봐야 합니다. 좋지 않은 상황 속 불편한 사람, 그 안에서 오고 가는 말들을 무조건 피하려고 하지 마세요. 나의 감정 표현이 누군가에게 쓴소리라고 해도, 필요한 말은 해야 합니다. 나 자신을 지키기 위해서, 타인과 혹은 조직과 건강하고 장기적인 관계를 위해서, 불편함을 감수하고 이야기해야 합니다. 물론 기본적인 예의는 지켜야겠죠.

양재진 　근본적인 변화는 나로부터 시작됩니다. 내가 불편한 것들에 대해서 나를 지키기 위해 목소리를 높이는 연습을 지금부터라도 시작하세요. 너무 급하지 않게, 주변 사람들도 나의 변화에 조금씩 적응할 수 있게 천천히 달라지세요. 그러다 보면 뇌가 잠이라는 안전장치를 켜는 횟수도 점차 줄어들 것입니다.

사이코패스와
소시오패스는
어떤 모습일까?

사이코패스와 소시오패스, 공식적인 용어는 아니지만 우리 사회에 너무나도 익숙하게 퍼져 있는 말입니다. 보통 반사회적 인격장애, 자기애성 인격장애라고 진단되는데요. 반사회적 인격장애는 타인의 권리를 침해하고 사기나 거짓말을 하는 등의 행위를 죄의식 없이 무책임하게 일삼는 모습으로, 자기애성 인격장애는 스스로를 과장되게 평가하고 성공을 위해서라면 수단을 가리지 않는 모습으로 나타납니다.

사이코패스는 옳고 그름에 대한 기준이 일반 사람들과 상당히 다르고, 또 확립이 안 돼 있기 때문에 죄책감을 느끼지 못하는 특징을 보입니다. 타인의 감정에 공감하지 못하기 때문에 배려심도 없고요.

반면 소시오패스는 이보다 정도가 약하지만 자신의 말이 곧 진리이기 때문에 스스로에 대한 자신감이 매우 높고, 학습된 공감을 하며 타인에 대한 배려심이 없는, 매우 자기중심적인 특징을 보입니다. 따라서 타인에게 자문이나 상담을 절대 받지 않죠. 실제 사례들을 보면 자기애성 인격장애를 가진 사람의 경우 소시오패스일 가능성이 높습니다.

사이코패스는 뇌의 전두엽 쪽에 기질적인 손상이 있는 경우가 많아 생물학적으로 유전적인 소인이 강하지만, 소시오패스는 환경에 의한 후천적인 요인이 강합니다. 살인, 강도, 강간 등을 일으킨 흉악 범죄자들은 사이코패스에 가깝다고 한다면, 자신의 성공을 위해 주변 사람들을 착취하고 이용하는 모습을 보이는 기업인이나 정치인, 사이비 교주 등 주변에서 흔히 볼 수 있는 사람들은 소시오패스에 가깝다고 볼 수 있습니다.

하지만 이런 분류는 의학적이라기보다는 심리학적 통계에 의한 것이고, 사이코패스와 소시오패스가 동시대에 함께 만들어진 용어가 아닌 만큼 이 둘을 완벽히 구분하는 것에 큰 의미는 없습니다. 사이코패스가 문화 산업에서 사용하기 좋은 자극적인 소재라면, 소시오패스는 소신 있는 발언을 하기 힘든 현대인들이 그에 대한 결핍을 채우는 대상이 아닌가 싶기도 합니다.

사실 소시오패스 유형은 사회 곳곳에서 쉽게 찾아볼 수 있습니다. 안에서는 매우 착취적이지만 밖에서는 성품이 온화하고 좋은 사람, 즉 한 사람에 대한 평가가 매우 양극화된 경우는 그 사람이 소시오패스가 아닌가 의심해볼 수 있습니다. 일례로 웹툰·드라마 〈이태원 클라쓰〉의 조이서를 소시오패스로 보기도 하는데, 상대의 아픔과 고통에 공감하는 등의 모습을 보면 정신건강의학과 측면에서 소시오패스라 진단하기는 어려워 보입니다.

소시오패스는 나의 장점이 무엇인지 정확히 파악하고 그 점으로 타인을 이용하는 모습을 보입니다. 그런 만큼 자신의 약점을 다른 사람에게 보이고 싶어 하지도 않죠. 또한 거짓말을 많이 하고 나의 성공이나 즐거움을 위해 다른 사람들을 속이는 것에도 죄책감이 없습니다. 사람을 소중하게 대하기보다는 도구로 여기고 자신의 감정도 쉽게 조절하죠. 그러니 본인 때문에 일이 잘못돼도 피해자 코스프레가 가능합니다. 미리 계획을 세우기보다는 충동적으로 행동하고 이를 즐기기 때문에 모든 일에 금방 지루함을 느끼고, 새롭고 자극적인 것을 원합니다. 식욕과 성욕이 매우 강하다는 특징도 있고요.

나 혹은 내 주변의 사람이 소시오패스가 아닌지 궁금하다면 앞선 소시오패스의 특징들을 대입해볼 수 있습니다. 하지만 정확한 진단은 정신과에서만 가능하므로, 확실하지 않은 추측으로 문제 없는 사람을 의심하는 것에 조심해야 합니다.

# Chapter 4

## 연애

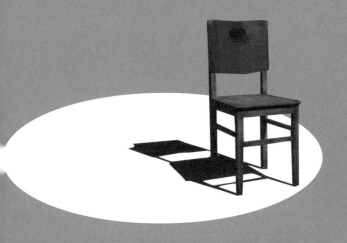

나를 잃으면서까지
사랑해서는 안 된다

좋아하는 마음을 표현하는 것,
그 행동 자체는 결코 잘못된 것이 아닙니다.
그런데 온 힘을 다해 마음을 표현하는 것이 상대에게도
순수하게 같은 의미로 가닿을까요?

사람 사이에 적당한 거리감을 유지하지 못하면
어떤 관계든 오래갈 수 없습니다.
좋은 관계를 만들기 위해서는
내 삶의 독립성을 유지하는 내공이 필요합니다.
그래야 연애 또한 오래 지속할 수 있습니다.

# 좋아하는 마음을
# 다 표현해도 문제인가요?

좋아하는 만큼 표현했을 뿐인데 한 달 정도 후면 상대의 마음은 식어가고,
그렇게 매번 제 연애는 3개월을 넘기지 못했어요.
주위에서는 너무 표현하지 말라고 하지만,
좋으면 표정에서부터 보이고 감출 수가 없습니다.
너무 좋아하는 티를 내도 안 될까요?

양재웅  서로 다른 두 사람이 만나는 일이다 보니, 연애란 것이 참
어렵습니다. 상대도 나와 같은 마음이면 좋을 텐데 그렇지 않은
것 같으면 속상하고요. 무조건적이고 맹목적인 나의 마음을 표현
했을 때 상대도 그에 응해주면 좋으련만, 현실은 그렇지 않을 때
가 많죠.

그래서 상대의 속마음을 모두 알 수 없는 상태에서는 불안한 마

음에 나의 연정을 다 토해내지 않기도 합니다. 이렇듯 마음을 완전히 보여주지 않는, 소위 밀당을 잘하는 것을 연애의 기술이라고 이야기하기도 하죠. 현실의 연애에서 진정성 있게 표현하라든지, 한 번도 상처받지 않은 것처럼 사랑하라든지의 명언은 통하지 않을 때가 많기 때문입니다.

양재진  마음을 다 주고 상처받는 연애를 계속해서 반복한다면, 스스로에게서도 이유를 찾아봐야 합니다. 내가 끌리거나 좋다고 표현하는 상대의 성향 자체가 나와는 정반대일 수 있기 때문입니다. 자신도 모르게 표현을 잘하지 않는 무심한 성향에 끌리다 보니, 같은 결과가 반복적으로 생길 수 있습니다. 표현이 서투르거나 천천히 마음이 커지는 상대라면 나의 반복되는 애정 표현이 부담스럽고 버겁게 느껴질 수도 있으니까요.

양재웅  물론 그 원인이 상대에게 있을 가능성도 분명 있습니다. 자존감이 높은 사람의 경우 자신을 좋아하는 사람들을 있는 그대로 받아들이고 자신도 그들을 좋아합니다. 하지만 자존감이 낮은 사람의 경우 나를 좋아하는 사람들을 가볍게 생각하는 경향이 있습니다. 자신이 스스로를 좋아하지 않기 때문에 나를 좋아하는 사람들도 그만큼 가치 없게 여기는 것이죠.

혹은 의심을 할 수도 있습니다. '도대체 나를 왜?'라고 생각하며 자신을 위해주는 사람이 아닌 자신에게 함부로 대하는 사람에게 끌려할지도 모릅니다. 즉 지금까지 만나온 상대가 누군가의 표현을 있는 그대로 수용하지 못하는, 자존감이 낮은 사람이었을 가능성도 있습니다.

누군가에게 감정을 드러낼 때는 항상 음과 양이 공존합니다. 좋아하는 마음을 표현하는 만큼, 바라게 되는 것이 사람 마음이죠. 내가 건넨 마음만큼 기대했던 반응이 나오지 않으면, 어떤 식으로든 서운한 마음이 생기고, 또 상대에게 그 감정이 전달될 수 있습니다. 그러면서 자연스럽게 관계가 서먹해지고, 서운한 감정이 반복되면서 관계가 엇나갈 수 있죠.

양재진   좋아하는 마음을 표현하는 것, 그 행동 자체는 결코 잘못된 것이 아닙니다. 그런데 온 힘을 다해 마음을 표현하는 것이 상대에게도 순수하게 같은 의미로 가닿을까요? 상대의 입장에서 나의 행동이 어떻게 느껴질지에 대한 충분한 공감이나 배려 또한 반드시 필요합니다. 배려 없는 사랑은 폭력에 가까우니까요.

대부분의 사람들이 첫사랑에 실패하는 이유가 자신의 감정을 스스로 주체하지 못하기 때문입니다. 상대의 입장에 대한 공감이나 배려 없이 나의 감정만 보고 일방적으로 질주하는 것이죠. 비단 연애뿐만 아닙니다. 모든 인간관계에서는 올바른 감정 표현을 위해 참는 연습이 필요합니다.

<sub>양재웅</sub> 인간관계에서 적당한 거리감이 필요하다고 이야기하는 것 또한 같은 이유입니다. 사람 사이에 적당한 거리감을 유지하지 못하면 어떤 관계든 오래갈 수 없습니다. 좋은 관계를 만들기 위해서는 약간의 거리감을 통해 내 삶의 독립성을 유지하는 내공이 필요합니다. 건강한 거리감이 있고, 그 정도의 거리감을 견딜 수 있어야 상대를 압박하거나 의심하지 않고, 반대로 버거워하거나 지치지 않을 수 있습니다. 그래야 연애 또한 오래 지속할 수 있습니다.

지금까지 내가 좋아했던 사람들이 그만큼의 가치가 있는 사람들이었는지, 자신은 그들에게 어떤 모습이었는지를 돌아보면서 지난 연애의 문제점을 찾아보세요. 이를 통해 다음에는 보다 성숙한 연애를 할 수 있을 것입니다.

# 그녀의 전 남자친구를 어떻게
# 받아들여야 할까요?

우연히 여자친구의 전 연인이
평소 제가 따르던 선배였다는 것을 듣게 됐습니다.
왜 말하지 않았느냐며 여자친구를 추궁하게 됐고요.
그전까지는 과거 연인에 대한 궁금증이나 질투가 없었는데,
이야기를 듣고 난 뒤로 여자친구의 모습에 선배의 모습이 겹칩니다.

양재진  전 남자친구 또는 전 여자친구 문제는 연인들에게 판도라의 상자와도 같은 것입니다. 서로 대화 중에 또는 제3자에 의해 알게 되는데, 이미 알게 된 순간 아무것도 몰랐던 그전으로 돌이킬 수는 없습니다. 전 연인이 나보다 나은 사람일 경우 열등감이나 자격지심이 생길 수 있고, 반대로 형편없는 사람일 경우에도 그리 유쾌하지 않죠. 여기에 내가 알고 있는 사람이라면 더 충격적일 것입니다.

만약 연인의 과거 연애를 우연히 알게 됐다면 대화를 통해 그 사실을 충분히 공유할 수는 있습니다. 중요한 것은 이에 대해 추궁하거나 과도한 상상으로 쓸데없는 오해나 의심을 만들지 않는 것이죠.

양재웅  남성의 경우 여성에 비해 전 연인의 존재를 더 의식하는 경우가 많은 듯합니다. 남자들은 내 여자의 첫 번째 남자가 되고 싶어 하고, 여자들은 내 남자의 마지막 여자가 되고 싶어 한다는 이야기가 있는 것처럼요.

일반화할 수는 없지만, 남성의 경우 자신의 과거 연인에게 갖고 있던 생각과 의미를 현재 연인과 그녀의 과거 연인과의 관계에도 똑같이 부여하는 경우가 많은 것 같습니다. 상대의 전 연인이 과도하게 신경 쓰인다면 혹시 나에게 과거 연인에 대한 미련이나 연민 등의 심적인 연결 고리가 있는 것이 아닌지, 그 심리 상태를 연인에게 똑같이 적용해서 괴로운 것은 아닌지 생각해봤으면 좋겠습니다.

양재진  혹은 그 감정을 그녀의 전 연인에게 투영해서 아직 미련이 남아 있다고 의심하는 것일 수도 있습니다. 과거에 집착하며 전 연인을 계속해서 신경 쓰는 모습은 상대에게 실망감만 줄 뿐, 두 사람의 관계에서 절대 좋지 않습니다. 헤어질 것이 아니라면 과거의 이야기는 과감히 접어야 합니다.

<sub>양재웅</sub> 싱대의 모습은 전 연인의 존재를 알기 전과 하나도 달라진 것이 없습니다. 현재 연인의 모습이 여전히 좋다면 생각을 달리 해보는 것도 방법입니다. 이전에 잘못된 사람들을 만났거나 과거의 경험을 통해 배우고 성숙하지 못했다면, 내가 반했던 사랑스러운 모습 또한 갖지 못했을 것이라고요. 과거의 연인들은 사랑하는 상대가 성숙하는 과정에서 필요했던 사람들인 것이죠. 어쩌면 지금의 연인을 만들어준 과거의 그들에게 감사해야 할지도 모릅니다.

우리는 누군가를 만나 사랑을 하고 그 관계를 영원히 지속하고 싶을 때 결혼을 생각합니다. 그리고 결혼을 준비하는 과정에서 서로의 가정환경을 보게 되죠. 가정환경을 본다는 것은 한 사람의 10~20대까지의 성격을 결정해온 요인들을 마주 보는 것과도 같고요.

그러나 부모님의 보호를 벗어난 이후의 인생에서는 다양한 인간관계를 통해 쌓은 경험이 한 사람의 모습을 결정하는 주요 요인이 됩니다. 그중 가장 깊은 인간관계는 연인관계고요. 즉 과거 연애를 통해 배운 경험과 아픔이 현재 내가 사랑하는 연인의 모습을 완성시킨 것입니다.

양재진 관계를 오랫동안 지속하기 위해서는 상대의 모습에 과거 연인들과의 시간이나 추억이 녹아 있다는 것을 반드시 인정해야 합니다. 만남이란 '그럼에도 불구하고'와도 같습니다. 상대가 좋아도 이전 연인들과 사랑했던 과거가 용납이 안 된다면 절대 만날 수 없습니다.

연인에 대한 애정도와 과거의 이야기를 알게 된 후의 불편함을 객관적으로 비교해보세요. 감당할 수 있다면 이전의 연애와 이별을 최대한 명료하게 들어보는 것도 좋습니다. 그럼에도 불구하고 상대를 좋아할 때 만남은 이어질 수 있습니다.

# 남자친구가 저를
# 정신적·신체적으로 폭행하고 있어요

남자친구에게 폭행을 당해 헤어지려고 했지만,
눈물을 흘리며 사과하는 모습에 다시 만났습니다.
하지만 같은 상황이 여러 차례 반복됐고,
이제 헤어지자고 하면 죽어버린다며 협박을 합니다.
그 모습이 무섭다가도 제가 떠나면 혼자가 될 남자친구가 걱정됩니다.

양재진  데이트 폭력이란 연인관계에서 발생하는 언어적·정서적·
경제적·성적·신체적 폭력을 말합니다. 직접적인 신체 폭력을 가
하지 않더라도, 스스로 자해를 하는 등의 방식으로 협박을 하는
것 또한 정서적 폭력에 해당합니다.

데이트 폭력 가해자들은 재범률이 높고 신고를 하면 보복 범죄를
할 가능성이 크다는 점에서 더욱 큰 문제입니다. 신고 후 피해자

가 알 수 없는 이유로 처벌을 원하지 않는 경우도 있고요. 이 경우 경찰에서는 피해자가 원하지 않으면 처벌할 수 없는 폭행죄가 아닌, 피해자의 처벌 의사와 상관없는 상해죄를 적용하기도 합니다.

MBC 뉴스 보도에 따르면 데이트 폭력의 증가에 따라 별도의 규정을 두는 국가들도 늘고 있다고 합니다. 미국은 피해자의 진술만으로 가해자를 체포할 수 있는 의무체포제를 채택해, 피해자가 폭력을 당하는 순간 목격자가 없었더라도 가해자를 체포할 수 있습니다. 영국은 2016년부터 신체적 폭력이 없는 강요나 통제만으로도 최대 5년형을 선고할 수 있으며, 일본은 2013년부터 교제 상대에게도 가정폭력 가해자와 같은 법률을 적용합니다.

반면 우리나라는 2018년부터 데이트 폭력을 근절하겠다고 밝혔으나, 경찰청 통계에 따르면 그사이 데이트 폭력 신고 건수는 40퍼센트나 급증했다고 합니다. 뚜렷한 대책은 마련되지 않은 채 피해만 계속해서 늘어나고 있는 상황입니다.

데이트 폭력의 가해자들에게는 몇 가지 특징이 있습니다. 무엇보다 충동을 조절하지 못합니다. 감정적으로 흥분한 상태에서 이를 통제하고 억누르는 힘이 약하다 보니 언어적·신체적 폭력성을 외부로 분출시키는 것이죠. 무의식의 욕구나 충동을 고스란히 내보이는 행동화라는 방어기제를 통해 미성숙하게 감정을 표출하는 것입니다.

또한 가해자들은 열등감과 자격지심이 강하고 자존감이 낮은 경우가 많습니다. 따라서 상대의 별 뜻 없는 말이나 행동이 자신을 무시한다고 생각하고 폭력성을 드러냅니다. 그런 만큼 다른 이성에 비해 스스로 매력적이지 않다고 생각해서 질투와 의심도 많습니다. 성격적 특성으로는 편집성 인격 성향 또는 인격장애에 해당되는데요. 기본적으로 의심이 많기에 의처증이나 의부증으로 발전하는 경우가 많습니다. 또한 알코올 또는 약물, 마약류에 중독돼 있는 경우도 많습니다.

데이트 폭력은 어떤 사이보다 깊은 감정적 교류가 이뤄진 연인관계에서 벌어지고, 남성과 여성이라는 기본적인 신체적 차이에 기반한 폭행이라는 점에서 일반적인 폭력 사건과는 다른 역동 관계 속에 있습니다. 그래서 한 차례가 아닌, 여러 차례의 폭행을 겪으면서도 끝내 관계를 끊어내지 못하고 끌려다니는 경우가 많습니다.

양재웅  이런 데이트 폭력 가해자 중에는 과거 가정폭력 피해자였던 사람들이 많습니다. 물리적으로 약한 존재에게 힘을 행사하면서 스스로에 대한 무력감을 채우려고 하는 욕구가 표출되는 것이죠.

양재진  반면 데이트 폭력 피해자들은 구원 환상에 빠져 있는 경우가 있습니다. 나마저 이 사람을 떠나면 어떡하나 걱정하며 자신이 상대를 변화시킬 수 있을 것이라는 착각에 빠지는 것입니다. 이런 사람들은 유아기 때 부모님과의 갈등을 이해하지 못한 채로 성장해 그 이후로도 갈등을 강박적으로 반복하는, 반복 강박을 갖고 있습니다. 가해자가 사죄하는 모습을 보면 진심으로 뉘우쳤다고 착각해서 용서하고, 또 다시 똑같은 상황을 반복하는 것이죠.

양재웅  앞서 이야기했듯이 과거 부모님으로부터 학대당한 아이들은 부모님을 미워하고 거부하는 순간 버림받을 것이라고 인식하기 때문에, 스스로 부모님을 좋은 사람이라고 합리화함으로써 폭력을 사랑으로 인식하기도 합니다. 그래서 나에게 친절하고 따뜻하게 대하는 사람보다, 자신을 지배하고 자신에게 집착하는 사람에게 더욱 애정을 느끼는 안전 조작(security operation)이 일어납니다. 자신에게 친절하고 상냥하게 대하는 사람에게는 부담감을 느끼면서 애정을 갖기 어려운 것이죠.

때문에 가해자가 문제의 절대적인 원인이라고 해도, 피해자 또한 자신에게 있을 문제를 인식하는 과정이 필요합니다. 폭력이 몇 번 이상 반복될 때까지 관계를 끊지 못하고 상황을 되풀이했다면, 피해자 또한 자신의 정서 상태를 점검해볼 필요가 있습니다. 만약 자신이 억압적이고 비난적이며 폭력적인 상대로부터 벗어나지 못하고 있다면 빨리 관계를 끊고 스스로를 돌아보는 것이 무엇보다 중요합니다.

또한 이런 피해자들 중에는 깊은 인간관계를 두려워하는 회피성 성격이 많습니다. 타인에 대해 경계심이 많고 벽이 높기 때문에 누군가와 쉽게 관계를 맺지 못하는데요. 그런 만큼 상대의 거절 의사를 무시하고 계속해서 접근해오는 일반적이지 못한, 즉 정서적으로 건강하지 않은 사람들과 결국 관계를 맺을 가능성이 높습니다.

피해자 입장에서는 어렵게 마음의 문을 열었기 때문에 가해자를 어떻게든 수용해주려고 하고 가해자는 피해자에게 상당한 소유

욕을 갖고 있죠. 따라서 회피성 성격을 가졌을 경우, 타인에 대해 경계심을 낮추고 많은 사람들과의 교류를 통해 사람 보는 눈을 키우는 것이 중요합니다.

양재진　어린 시절의 순수한 사랑처럼 상대가 나의 모든 것이고, 나의 모든 것을 상대에게 주고 싶은 마음은 좋습니다. 하지만 그 마음이 잘못 발전해 상대의 옷차림, 헤어 스타일, 휴대전화, 대인 관계까지 모든 것을 간섭하고 통제하려 하는 관계는 결코 건강하게 오래 유지될 수 없습니다. 혹시 나에게 그런 모습이 보이지 않는지, 상대가 나에게 그런 요구를 하지 않는지 세심히 관찰해야 합니다. 스스로도 그런 사람이 되지 않아야 할 테고, 그런 사람 또한 절대 만나서는 안 되겠죠.

폭력의 강도는 처음에는 가벼울 수 있습니다. 하지만 한 번이라도 폭력적인 모습을 보였다면, 상대를 이해하려는 마음은 과감히 접고 바로 도망쳐야 합니다. 빠른 신고와 선처 없는 강한 처벌만이 데이트 폭력을 근절시킬 수 있습니다.

양재웅　두 사람의 관계가 유일무이한 관계라는 잘못된 전제로부터 벗어나야 합니다. 더 나은 사람은 얼마든지 있습니다. 폭력적인 모습을 보이는 사람은 정서적으로 불안정한 사람이고 언제 그 폭력이 나에게 향할지 모릅니다. 그 위험 신호를 인지한 순간 최대한 빨리 관계를 정리해야 합니다.

양재진　물론 안전 이별이라는 말까지 있을 정도로 이별의 과정도 쉽지는 않습니다. 스토킹 또는 자살이나 자해, 살인이나 상해 협박에 계속해서 끌려다니는 경우도 많습니다. 가족들에 대한 위협이나 리벤지 포르노 등의 협박을 하기도 하고요. 하지만 분명한 것은 가해자로부터 벗어나지 못하면 나를 비롯해 주변 사람들까지 더 망가지게 됩니다.

전화번호도 바꾸고 필요하다면 이사도 가야 합니다. 가해자와 연결된 주변 사람들을 통해 다시 연락이 이뤄지기 때문에, 그들을 포함해 주변 사람들 모두에게 자신의 상황을 알리고 연락하지 말아야 한다고 알려야 합니다. 경찰에 신변 보호 요청도 취해야 합니다. 완전한 차단만이 안전 이별의 방법입니다.

양재웅　주변에 도움을 청할 사람들을 마련해두는 것도 반드시 필요한 장치입니다. 관계 맺는 것을 두려워하지 말고 많은 사람과 만나야 하는 이유도 이와 같습니다. 내가 기존에 사람들과 잘 어울렸더라도, 폭력적인 사람들은 보통 주변의 인간관계까지 차단하고 독점하려는 경우가 많습니다. 폭력을 행사하지 않을 때는 나에게 맹목적으로 잘하고 헌신하기 때문에 그 뜻을 따라주는 경우도 실제로 있고요. 하지만 이런 경우 상대의 폭력적인 신호들을 감지했을 때, 도움을 청할 곳이 없어 구렁텅이인 줄 알면서도 빠져 나오지 못합니다.

자신의 가치는 자신이 만드는 것입니다. 내가 어떤 사람을 만나고 있느냐가 나의 가치를 판단하는 기준이 됩니다. 정상적인 사람을 만나서 온전한 연애를 했으면 합니다.

# 헤어진 연인의 SNS를 보는 것이
# 이별에 도움이 되나요?

헤어진 후 매일 전 연인의 SNS를 확인합니다.
꼭 미련이 있어서는 아닌데,
저 없이도 아무렇지 않게 잘 살고 있는 것을 보면 기분이 이상합니다.
의미심장한 사진이나 글이 올라온 날에는
어떤 의미인가 궁금하기도 해요.

양재웅  헤어진 연인의 안부를 찾아보고 싶은 욕구가 요즘 사람들에게 갑자기 생긴 것은 아닙니다. 과거 SNS가 만들어지기 전에는 궁금해도 방법이 없었을 뿐이죠. 새벽에 전화 또는 문자로 "자니?" 물어보던 것에서, 메신저의 프로필 사진이나 상태 메시지를 보는 것으로, 이제 SNS를 몰래 보는 것으로 바뀐 것뿐입니다.

과거와 달라진 것은 SNS가 생긴 후로는 헤어지더라도 쉽게 상대의 안부를 확인할 수 있다는 점인데요. 다시는 못 볼 사람이 아니기 때문에, SNS가 관계라는 것을 그만큼 더 가볍게 만드는 데 한몫을 했다고 할 수 있습니다.

양재진　누구보다 가까웠던 연인관계를 끝내려면 그만큼 감정을 정리할 시간이 필요한 것은 당연합니다. 다만 꽤 오래전부터 이별을 준비해온 사람의 경우에는 이별 후에도 미련이 없기 때문에 그 시간이 짧지만, 갑자기 이별 통보를 받은 입장에서는 더 많은 시간이 필요한 것이 당연할 테죠.

양재웅　그렇게 보면 전 연인의 SNS를 보는 것은 정상적인 이별 반응 중의 하나일 뿐입니다. 여기에 큰 의미를 두고 다시 만나면, 만난 순간에는 애틋할지 몰라도 오래 지나지 않아 후회할 가능성이 큽니다.

이처럼 헤어진 연인의 SNS를 찾아보는 심리는 일종의 애도 반응으로도 설명할 수 있습니다. 애정하던 대상을 상실한 후에 이를 건강하게 극복하는 방법은 상대에 대한 기억을 함께 추억할 수 있는 여러 사람들과 이야기를 나누는 것입니다. 이와 비슷하게 SNS를 통해 함께한 시간을 정리하는 것이죠.

양재진　SNS가 전 연인을 잊는 데 도움이 될지는 개인의 성향에 따라 다릅니다. 자연스럽게 떠나보낼 자신이 있다면 상대에 대한 마음이 어느 순간 무뎌질 때까지 계속해서 보는 것도 도움이 되겠죠.

하지만 잘 지내는 상대를 보면서 혼자 마음만 키울 것이라면 무의미합니다. 이미 지나간 관계에 지나친 미련이나 의미를 두는 행위는 결국 나만 괴롭히는 것이니까요. 상대는 이미 현실에서 잘 살아가니 나 또한 현실로 돌아와 잘 살려고 노력해야 합니다. 내가 어떤 사람인지 잘 생각해서 그에 맞는 방식을 취하면 됩니다.

양재웅　SNS 속의 상대가 잘 지내는 것처럼 보이고 메시지가 의미심장하게 느껴지는 것은 너무도 당연합니다. SNS는 애초에 남들에게 보여주기 위한 나를 드러내는 곳이기 때문입니다. 진정한 자기가 아닌, 타인의 관심 혹은 걱정을 기대하면서 사용하는 공간이니까요. 그것을 나와 연결 지어 생각한다면 이는 상대의 의도라기보다는 그렇게 믿고 싶은 나의 마음을 다시 한번 확인하는 기회였던 것이죠.

나의 마음을 확인했다면, 그리고 걷잡을 수 없을 만큼의 미련이 남았다는 것을 깨달았다면 SNS는 그만 쳐다보고 직접 연락을 해보는 것도 방법입니다. 물론 이미 이야기했듯이 후회할 수 있습니다. 헤어진 연인은 다시 만나도 결국 똑같은 이유로 헤어진다는 말처럼요. 하지만 중요한 것은 나에게 아직 미련이 있고 그런 마음을 아직 표현하지 않았다는 것이겠죠. 한번 사는 인생, 후회 없는 선택을 하세요.

다만 상대가 나의 부름에 응하지 않는다면, 더 이상 지나간 사랑에 마음이 흘러가도록 두지 마세요. 그것은 내가 나를 함부로 하는 행위입니다.

# 나쁜 남자를
# 잊지 못하고 있습니다

남자친구가 바람을 피웠지만 헤어지는 것이 더 괴로워
힘들어도 감수하고 계속 만났습니다.
그런 저를 답답해하는 친구들을 대하기가 힘들어 연락도 끊었고요.
그런데 오히려 남자친구가 죄책감 때문에 헤어지자고 합니다.
어떻게 해야 나쁜 기억을 지우고 예전으로 돌아갈까요?

**양재웅**    자존감은 내가 나를 좋아하기 위한 여러 가지 요소들이 쌓였을 때 올라갑니다. 연인관계에서 상대가 바람을 피운 경우 그 사실이 괴롭고 힘든데도 참고 감수하는 것은 스스로도 이해시키지 못하는 결정입니다. 해서는 안 되는 선택이라는 것을 인지하면서도 행동은 따라가지 못하니, 결국 스스로를 좋아할 수도 없고 자존감도 당연히 낮아질 수밖에 없습니다. 한마디로 자해라고 할 수 있습니다.

앞서 언급했듯이 나를 함부로 대하는 상대와 헤어지지 못하는 것은 어렸을 때 애착 관계가 형성되는 과정에 그 원인이 있을 수 있습니다. 부모님이 양육 환경에서 안정감을 주지 못했거나 방임 또는 학대를 했을 경우, 부모님을 미워하는 대신 그 또한 사랑이라고 스스로를 세뇌시키는 것입니다. 그래야 자신의 현실이 부정되지 않기 때문이죠.

이런 안전 조작은 후에 성장했을 때 연인과 같은 다른 관계에서도 똑같이 재현될 가능성이 높습니다. 나에게 다정하고 헌신적으로 잘해주는 상대보다는 나에게 함부로 하는 상대를 곁에 두는 것이죠.

**양재진**　연인 사이의 바람 또는 부부 사이의 외도에서 두 사람의 입장은 완전히 다릅니다. 처음 바람을 들켰을 때는 당사자가 사과를 하는 것이 대부분입니다. 하지만 이 또한 한계가 있습니다. 일방적인 사과와 원망의 관계는 짧으면 1~2개월, 길면 3~6개월밖에 지속되지 않습니다.

이 기간이 지나면 당사자는 할 수 있을 만큼의 사과는 다했다고 생각하고 죄책감도 사그라들지만, 상대에게는 여전히 부족하죠.

결국 시간이 흐를수록 입장 차이는 더욱 커지고, 그만큼 관계를 지속하기는 더 어려워집니다.

처음에는 용서해주는 마음 안에 앞으로 나에게 더 잘할 것이라는 기대감이 있을 것입니다. 자신이 선택한 일이니 감수하려고 노력하겠지만, 만나는 기간 동안 얼굴 표정, 말투, 제스처로 혹은 대놓고 상대를 비난하게 될 수도 있습니다. 결국 상대의 입장에서는 할 만큼 했고, 지쳐서 떠나겠다고 할 수도 있죠. 둘 사이에 입장 차이가 생기는 것입니다.

따라서 관계 유지를 위해 연인의 바람을 덮고 가겠다고 결심했다면, 그 선택을 한 순간부터는 더 이상 상대에게 외도 사실을 꺼내서도, 탓을 해서도 안 됩니다. 만약 성격상 그렇게 할 수 없다면 관계를 유지하지 않는 것이 답입니다. 자신의 성향에 맞는 선택을 해야 합니다.

심적으로 힘들면서도 헤어지는 것이 괴로워 관계를 유지하고, 그런 모습을 답답해하는 지인들과의 연락도 모두 끊어버렸다면 모두 본인의 선택인 것을 인정해야 합니다. 그리고 나의 선택이 연인과의 관계를 보장해주지 않는다는 점도 알아야 합니다.

관계는 나의 의사와 상관없이 상대의 결정으로도 깨질 수 있습니다. 상대가 죄책감 때문에 헤어지자고 한다면 계속된 사과와 원망에 지쳐서, 애정이 식어서, 혹은 다른 이성이 생겨서 내세운 표면적 이유일 수도 있습니다. 바람을 피웠어도 덮고 간다는 것이 나의 선택이었듯이, 이제 관계를 정리하겠다는 것 또한 연인의 선택입니다. 이때 용서해줬는데 어떻게 그럴 수 있냐는 생각이 드는 것도 당연합니다. 보상 심리가 생길 수 있죠.

하지만 애초에 연인을 용서한 것이 자신을 위한 선택이었던 것처럼, 상대의 선택도 존중해줄 수밖에 없습니다. 그 선택이 이별이라면 그 마음을 받아들이고 놓아야 자신도 그다음 것을 취할 수 있습니다.

양재웅　사실 바람이나 외도는 당사자의 입장에서도, 상대의 입장에서도 용납해줘서는 안 되는 일입니다. 그런 잘못을 용서해주는 것은 스스로를 대단한 사람이 아니라, 그 반대의 상식적이지 않은 사람으로 만드는 일입니다. 상대의 입장에서도 이런 연인은 상식적이지 않습니다.

누가 봐도 상식적이고 옳은 행동을 해야 연인도, 주변 사람도 나를 좋아할 수 있고, 궁극적으로 나도 나를 좋아할 수 있습니다. 즉 외도를 하고, 어떤 이유에서건 나를 떠나겠다는 상대를 붙잡는 선택은 내 자존감을 떨어뜨릴 수밖에 없습니다.

그런 선택은 연애를 건강하게 지속하기 위해서는 결코 옳지 않다는 것을 인지해야 합니다. 한쪽의 바람으로 깨진 관계는 돌이킬 방법도 없고, 결코 돌아가서도 안 됩니다. 배신감이라는 감정을 불러일으킨 기억은 뇌에 각인돼 쉽게 지워지지 않습니다.

상대가 정말 좋고 반드시 돌아오기를 바라서라기보다 헤어지는 상황이 힘들어서 이별하지 못하는 것은 아닌지를 잘 생각해봐야 합니다. 단순히 버림받는 것에 대한 두려움 때문에 이별을 받아들이지 못하는 경우도 있기 때문입니다.

그 이면에는 현재의 환경적인 부분, 즉 스스로 에너지를 쏟을 대상이 많지 않고 자신감이 없는 상태 또는 힘들게 마음의 문을 열고 맺은 관계를 실패로 만들고 싶지 않은 자기애적 상처가 자리하고 있을 수 있습니다. 즉 유기 불안이 커서 연인을 놓지 못하는 것은 아닌지 스스로를 살펴봐야 합니다. 이 경우에는 이미 본인의 상처가 너무 커서 현재의 감정은 단순히 오기일 뿐, 연인이 태도를 바꿔 다시 잘 만나자고 해도 관계가 제대로 유지되기 어려울 것입니다.

양재진   연애의 결론은 연애를 지속하거나 결혼하거나, 헤어지거나 셋 중 하나입니다. 셋 중에 무엇도 성공이나 실패는 아닙니다. 반드시 결혼을 해야만 연애의 성공은 아닙니다. 모두 연애의 끝에 자유롭게 도달할 수 있는 결론 중 하나일 뿐이죠. 두 사람의 의견이 같다면 연애를 지속하거나 결혼을 할 수 있는 것이고요. 의견이 다르면 이별로 가는 것입니다. 어느 누구의 잘못도 아닙니다. 연애가 가진 하나의 속성일 뿐입니다.

이별의 순간과 극복의 과정은 그 이후의 나를 기약해주는 약이 되는 시간이기도 합니다. 연인과의 관계를 정리한 후에는 홀로 지내는 시간을 보내는 것도 좋습니다. 상대에게 쏟던 시간을 스스로에게 투자하며, 자기 자신에 대해 생각하는 시간을 충분히 갖는 것이죠. 그래야 다음에 누구를 만나든 더욱 건강한 연애를 할 수 있습니다.

# 정신건강의학과를
# 둘러싼 진실 혹은 오해

정신건강의학과의 진료를 꺼리는 사람들의 경우 진료 기록이 취업이나 결혼 등에 불리하게 작용할 것을 두려워합니다. 하지만 정신과의 진료 기록은 진료를 받은 해당 병원 외에 건강보험심사평가원과 국민건강보험공단, 두 곳을 제외하곤 남지 않습니다. 보험 적용을 받은 모든 진료는 두 곳으로 관련 자료를 보내게 돼 있기 때문인데요. 정신과 진료 대부분이 보험 적용이 되는 만큼, 두 곳으로 진료 기록을 넘기지만, 이마저도 결코 본인 동의 없이는 가족조차 열람할 수 없습니다.

만약 이조차의 기록도 남기고 싶지 않다면 비보험으로 개인 부담

금을 많이 지불하고 진료를 받을 수도 있습니다. 그러면 진료받은 해당 병원에만 기록이 남겠죠. 물론 이때도 진료 기록은 병원 간에 절대 공유할 수 없고, 해당 병원의 주치의만 열람할 수 있습니다.

한 가지 구분해야 할 것은 정신과 전문의에게 병원이나 의원에서 진료를 받는 것과 상담 센터에서 상담을 받는 것은 다르다는 점입니다. 상담 센터에서 진행하는 상담은 의료 행위에 포함되지 않기 때문에 센터마다 비용도 각기 다르고 보험도 적용되지 않습니다.

반면 정신과 진료는 대부분 보험이 가능하지만, 상담은 경우에 따라 보험과 비보험으로 나뉩니다. 30분 정도의 상담은 정신분석까지 이뤄지지 않기 때문에 보험이 적용되지만, 정신분석 치료가 이뤄지는 상담의 경우에는 비보험으로 더 장시간 상담을 진행하게 됩니다. 어떤 식의 치료를 진행할 것인지는 전문의를 만나서 결정하면 됩니다.

개개인의 차이가 있긴 하지만, 정신과 의사들은 심리 상담과 정신분석에 대해 교육을 받고 시험을 통과해서 전문의가 되기에 어느 정도 질 관리가 이뤄집니다. 그러나 상담 센터의 경우 국가 공인이 아니기 때문에 적절한 질 관리를 가늠하기 어려워 개개인의 능력 차이가 클 수밖에 없습니다. 상담 센터에서 처음 상담을 받고 도리어 상처를 받아, 이후 치료를 피하게 됐다는 경우들을 접하면 답답할 때가 많습니다.

또한 과거에는 정신과 진료 이력이 있으면 무조건 보험 가입을 거절하기도 했는데요. 이후 법이 개정되면서 정신과 진단 코드인 F코드 외에 Z코드가 새롭게 만들어졌습니다. 따라서 약을 처방받지 않고 상담만 받은 경우에는 Z코드로 분류돼 보험사에서 가입을 받아주도록 바뀌었습니다.

하지만 불면증이나 공황장애, 우울증과 같이 흔히 앓을 수 있는 병들의 경우에도 약물 치료는 빠질 수 없기 때문에 말 그대로 유명무실한 법일 뿐입니다. 보건복지부에서 보험사에 가입을 거절할 수 없다는 권고를 내리고 있다고 하지만 잘 지켜지지 않을 테고요. 앞으로 반드시 개선돼야 할 부분입니다.

이외에도 정신과의 약물 치료에 대한 편견 또한 개선돼야 하는 부분입니다. 우리나라 사람들의 경우 효능이 잘 입증되지 않은 건강기능식품은 과하게 선호하면서 약으로 판매할 정도로 안전이 인증된 약에는 거부감을 느끼는 경우가 많습니다. 특히 정신과 약의 경우는 많은 사람들이 중독성을 걱정하는데요. 중독이란 쉽게 말해 내성과 의존이 생기는 것입니다. 그 때문에 평생 약을 먹게 될까 두려워 거부하는 것이고요.

중독성이 있는 약은 분명 존재합니다. 하지만 이런 약은 정신과 의사들 또한 잘 처방하지 않습니다. 오히려 수술을 담당하는 과에서 수술 이후 불안이나 우울, 수면 조절을 위해 환자들에게 중독성 있는 약들을 처방하죠. 오히려 여기에 중독된 환자들이 정신과에서 진료를 받을 경우 중독성 없는 약으로 바꾸는 과정을 거칩니다.

그렇다고 중독성 있는 약이라면 무조건 다 거부하는 것도 맞지 않습니다. 공황장애나 우울증의 경우 초기 약물 치료가 반드시 필요한 시기가 있습니다. 우울증 환자에게 처방하는 수면제와 항불안제는 수면 사이클을 잡고, 항우울제가 효과를 나타내기 전 불안을 낮추기 위한 것입니다. 이후 항우울제가 효과를 나타내면 항불안제를 점차 끊고, 수면제 또한 잘못된 수면 사이클이 바로 잡히면 점차 줄여나갑니다.

즉 약을 써서라도 증상을 빨리 개선하는 것이 환자에게 더 적절한 처방일 경우는 중독성이 있는 약이라도 사용하지만, 절대 오랜 기간 사용하지는 않습니다. 그리고 항우울제를 비롯해 정신과에서 오랫동안 처방하는 약 중에는 신체적인 해를 입히지 않는 것들도 많습니다. 그래서 갱년기 이후에 우울증을 앓는 경우는 계속해서 항우울제를 처방받는 것이 도움이 됩니다.

정신과 약은 평생 먹어야 한다거나 먹으면 지능이 떨어진다는 등의 말도 모두 근거 없는 오해일 뿐입니다. 모든 약에는 순작용과 부작용이 있기 마련입니다. 이 말은 곧 약에 부작용이 없다면 약이 아니라는 것과 같습니다. 정신과 약에만 잘못된 편견을 덧씌워 치료의 골든 타임을 놓치지 않아야 합니다.

모든 병이 그렇듯 우울증, 조울증, 불면증, 공황장애, 조현병, 강박증 등 대부분의 정신 질환 역시 제때 약물 치료를 받는 것이 중요합니다. 치료 시기가 늦으면 재발이 자주 일어나고 증상의 종류가 더욱 다양해지는 등 치료는 점점 더 어려워질 수밖에 없습니다. 치료란 빨리 시작하는 것이 무엇보다 중요합니다.

우리나라의 경우 특히 약을 먹는 것을 너무도 싫어하는 문화가 있는데요. 약은 충분한 임상시험을 거쳐 효과가 증명돼야만 나올 수 있습니다. 불확실한 근거에 기반한 건강기능식품이나 기타 민간요법에 기대 병을 키우지 않길 바랍니다.

KI신서 9633

# 내 마음을 나도 모를 때。

**1판 1쇄 발행** 2021년 5월 12일
**1판 16쇄 발행** 2024년 5월 13일

**지은이** 양재진, 양재웅
**펴낸이** 김영곤
**펴낸곳** (주)북이십일 21세기북스

**인문기획팀** 양으녕 이지연 정민기 서진교 노재은 김주현
**교정교열** 김찬성 **디자인** 형태와내용사이
**출판마케팅영업본부장** 한충희
**마케팅2팀** 나은경 정유진 백다희 이민재
**출판영업팀** 최명열 김다운 김도연 권채영
**제작팀** 이영민 권경민

**출판등록** 2000년 5월 6일 제406-2003-061호
**주소** (10881) 경기도 파주시 회동길 201(문발동)
**대표전화** 031-955-2100 **팩스** 031-955-2151 **이메일** book21@book21.co.kr

ⓒ 양재진, 양재웅, 아토머스(주), 2021
ISBN 978-89-509-9476-1 03300